苏北镜像

——平原　变迁　建筑

刘森林 著

上海大学出版社
·上海·

图书在版编目(CIP)数据

苏北镜像：平原　变迁　建筑 / 刘森林著 .—上海：上海大学出版社，2016.7

ISBN　978-7-5671-2438-7

Ⅰ.①苏…　Ⅱ.①刘…　Ⅲ.①苏北地区-概况　Ⅳ.①K925.3

中国版本图书馆 CIP 数据核字（2016）第 157426 号

责任编辑　傅玉芳
美术编辑　柯国富
技术编辑　金　鑫
　　　　　章　斐

苏北镜像

——平原　变迁　建筑

刘森林　著

上海大学出版社出版发行

（上海市上大路99号　邮政编码200444）

（http://www.shangdapress.com　发行热线021-66135112）

出版人：郭纯生

*

南京展望文化发展有限公司排版

上海华业装潢印刷有限公司印刷　　各地新华书店经销

开本787×960　1/16　印张16.5　字数186千字

2016年7月第1版　2016年7月第1次印刷

ISBN　978-7-5671-2438-7/K·150　定价：46.00元

“中华遗产·人居典范”书系/序

中国各区域遗存的历史人居环境，是不同历史时期的建筑技术、价值观、社会文化习俗和不同文化圈或文化类型的表征形式之一。它以其丰富的信息和独特性而成为历史的见证，具有无可替代的价值。然而，世俗往往以相悖的现实情境或价值态度诉之于视听：一方面，众人的保护意识有所强化和提高；另一方面，漠视、破坏的现象和恶性事件时有发生。反观近世欧美诸国对之延续、维护、更新、改造的认识和行动，大多趋于守常、葆真、如旧、如初，其间不乏高端和先进的科学技术手段的运用，将其纳入具有约束性的条款乃至法律的范域中，鲜见脱胎换骨式的冒进举措或新潮性的形式表述。其旨、其为或如美国刘易斯·芒福德在《城市发展史》一书中向大家发出一段忠告里所阐述的那样：“城市社会已经发展到了一个分岔路口……，如果对历史有了深刻的了解，对那些至今依然控制着人类的古老决定有了高度的自知，我们就有能力正视如今人类面临的迫切抉择，这一抉择无论如何终将改造人类，即是说，人类或者全力以赴发展自己最丰富的人性，或者俯首听命，任凭被人类自己发动起来的各种自动化力量支配，最后沦落到丧失人性的地步……”意欲认识城市的渊源、前生、变迁、结构和功能，必然要对历史的遗存倍加珍惜，期冀“对那些至今依然控制着人类的古老决定”能有“高度的自知”，从而提升“正视如今人类面临的迫切抉择”的能力，当然也是历史发展颇为理想的结果。无独有偶，历史学家傅衣凌曾经也说过这样一句话，“我在研究历史中，还有一种‘史料癖’，常常记住‘当人类沉默时，石头开始说话’”——对于如此重要的“石头”，能不慎乎？不敬乎？显然，包括建筑遗产、人居环境遗产在内的物质文化遗产、非物质文化遗产，都是我们认识自身历史的最好见证。求木之长者，必固其根本；欲流之远者，必浚其泉源。事实上，传统与当下并非是对立或截然分离的二项变量；即便从“致用”层面看，有关人居环境方面的微观历史、形态研究与当今人居环境的保护、再生和建设活动的内里，无疑涵泳着显明的逻辑或本体性进深的递进和关联性。有鉴于此，我以为，目下切实要做的，当应建构起敬畏之心、虔诚之意，或如钱穆在 20 世纪 40 年代所说的那般，对待历史要充满温情和敬意——这可能也是保护、修葺、更新和发展包括中国传统优秀物质遗产、历史人居环境场所，乃至城市科学发展在内的一项长期而正确的抉择途径和一种态度，或许，也是学习、实践的辩证法和可持续发展的必由之路之一，是从事文物建筑、传统村镇和城市历史街区维护、改造、更新、再生暨设计、规划、施工和管理者们的当务之急。

身处快速变革的转型和激荡莫测的思潮变幻中，书生的作用是微渺的。不过，这些纸上烟云确也初步实现了依照笔者擅长的方式呼唤的初衷，进而奉献着共同推动人居环境自身历史发展和逻辑演进的绵薄之力。因而，以传统城乡聚落街区构成、历史变迁和特征等的梳理、复原和阐释的工作性质，大体上规定了“中华遗产·人居典范”书系诸文本的体例和格调——这种致力于对历史场景的读解工作，基本剔除了当下海内盛行的文化经营、工程创意类的运动型情结、权重性效应和群体性介入的取向，并借此作为勾联舆情、获取经济利益抑或政治绩效的契机——这些经营和创意貌似契合了政府有关推进城镇化进程、一体化和新农村建设的经略和潮流，土地集约、人口集聚和经济结构方式的转型、调整和统筹的举措以及试图减降城乡两元对立格局的现在进行时国情之需，正在快速地打造格式化、过度化的新型城镇和乡村。只是，历来浊清并置、多元共存的世俗情境，亦使得如此鼎革的前提裹挟和添增了隐显不一地删易人居环境中地域性、差异性和多样性的无限可能，——历史肌理及其记忆的漫漶或消弭，将随着岁月的更替而显得愈加沉重或迷茫。

基于上述，本书系的撰写实际上也反映了笔者学术研究领域方向的微调——从类别易为区域，变专一为综合，舍宏观而切近微观。如果说这是对先前有关传统人居环境系列研习的一种反动，毋宁认为前后的种种呈现了对中国传统人居环境科学的基础、内容等相关缺失的一种关切、自觉和努力——对于年均600余课时，兼顾本、硕、博三级教学和科研任务烦冗的教师而言，似乎只能以聚沙成塔的片断型方式积累和展开。因此，书系选题及其内容亦呈现着以下若干特点：第一，书的内容即对象的考察和相关积累大多在十年以上，甚至迈越二十年以上；书系所述所论以所见实物、实体为准，文献、史实考证为辅。第二，聚焦的区域空间、范围和时段宏微远近各异：大者跨省越市，小者集合于相同地理景观和文化特质的地域中，通常以相同或近似的文化类型为界；纵向时间轴的下限框定在 20 世纪 40 年代——这是一个传统体制、文化意识、核心价值观终结的时代，少数根据实际状态顺延至 20 世纪 80 年代。第三，选题和对象的差异决定了方法和切入点的不同：有些偏重于气候、地理条件、资源和经济方式等关联度较高的方面，有些着力于区域的核心、外围和辐射区的辨析，致力于传播、交流和互动的层面分析变迁、播化和变量的过程、结果以及特征形成的比较，但主旨仍在于探讨城乡聚落街区的构成、变迁、人居环境文化和建筑风格等，各在在不同。第四，“河出图，洛出书。”图文并茂有助于扩大对书籍阅读的理解和比较过程中视觉的独特功效。一方面，图像在“传既往之踪”层面，比文字直观、有效；另一方面，图像相对的原真性，一可凸现以图证史的功能和价值，二可提升可读性。书系的图像由现状彩图、正投影建筑制图、透视图和地图等四部分组成，试图构建起一种现势、真切的观看和阅读方式。

王安石在《游褒禅山记》一文中指出，欲领略世之非常之观，当须具备四项：一曰志，二曰力，三曰不怠，四曰相。四项中的一、二、三项主要关乎和取决于自身，尽管“尽吾志也而不能至者，可以无悔矣”，但努力则是前提和必需的——唯有竭尽全力，若仍不能至，也只能“可以无悔矣”。文中的“相”，当是辅助之意。在漫长的调查和撰著过程中，笔者得到了众人的关爱和援手，他们的帮助使得本书系不至于出现过多的谬误或纰漏。然此四项，又“非人人能得，故事亦不可件件皆成”。在此，真诚地希望能得到读者和方家的不吝教正。顺此，也希望“中华遗产·人居典范”书系并非仅是无所事事的自娱、自言自语的空寂，抑或无知无畏的偏拗。因为，仍然有足够的理由笃信，多样性的区域人居环境及其蕴含的历史传统和文化遗产，始终将会是人类社会和经济生活中的一个深远主题。是为序。

刘森林

2013 年 6 月 23 日于康奈尔大学

前言

对于苏北，我是既熟悉又陌生。熟悉的是数十年中曾数度调查过扬州、南通和徐州；陌生的是，对于泰州、连云港、宿迁、淮安等地则无认识和积累。睽睹历史，若用简省的字句来勾勒苏北变迁的话，也许“峰谷沉浮”一词较为贴切——因何？仅从扬州一地的盛衰即可大抵知晓其上下起落“节奏”的频繁——西汉、隋唐、明清三度的繁华和辉煌，使这座淮左名都名扬天下，迈越千年。当年李白写下“烟花三月下扬州”这“一句顶一万句”的千古绝唱时，估计诗人的心情是欢愉的，因为友人远行的目的地是“扬一益二”的一等去处。不过在世俗中，对于扬州的人文地理和行政等第的认知，历来是模糊的：因处于南北的交汇处，长期以来，江南人心目中的扬州是苏北、是北方；而北方人则认定为是江南、属南方。实际上，扬州与其他地区的碰撞、交融、渗透和同化，使其超越了差异性之类的诉求……这种模糊乃至错误的认识，也同样反映在对苏北的认知中——实际上，苏北的落后和贫困，仅是数百年的现象，以至于费孝通也认为自己对其的看法也曾有失偏颇（费孝通《小城镇四记》）；进一步地看，缘何明清时期没有涌现苏北商帮抑或淮扬商帮？在北有鲁商，南有洞庭商、徽商、江右商，晚近甬商、湖商和锡商环绕的环境中，苏北仅以自己独特和精湛的服务业为本业……世纪的困局该如何读解，新世纪中的苏北又当何如？也许，“十三五”时期苏北地区交通、工农业以及生态和环境协调发展的宏伟规划蓝图，足以让关注苏北未来的人们有所期待。

值此付梓之际，要向 2014 级博士候选人郚丹、2014 级硕士生刘宇轩和 2011 级环境设计专业费凡同学致谢，他们提供了数十幅彩图供我使用；2015 级硕士生卢佳慧协助制作地图，一并表示感谢。

刘森林

2016 年 1 月 2 日

目录

第一章 / 苏北平原

一、濒江临海的平原

当今苏北的经济地理概念中，通常由苏中和苏北两个亚区或功能片区构成：北端的苏北亚区含徐州、宿迁、连云港、淮安、盐城五市；南缘苏中亚区由扬州、泰州、南通三市 15 个县（市、区）组成[1]。

此前尚有自然地理和行政概念之分[2]。苏中亚区南临长江，北接淮安和盐城，东濒黄海，西极同南京市的六合、江浦县以及安徽省天长县毗邻。土地面积为 20 972 平方千米，占全省土地总面积的 19.91%。其中，平原面积广约 15 799.4 平方千米，占苏中土地总面积的 77.33%。大运河纵贯南北，通扬运河横越东西。境内有零星山丘，绝大部分为平原（详见表 1）。

表 1　苏中亚区平原、山区、水域面积及人口

单位：平方千米

地　区	土地总面积	分　类			人口（万人）
		平原	山丘	水域	
合计	20 972	15 799.4	1 059.4	3 573.2	1 732
扬州	6 634	4 856.2		1 735	459
泰州	5 794	—	—	—	504
南通	8 544	6 793.4	19.4	1 188.2	769
占 %	—	77.33	5.18	17.48	

苏北亚区五市共辖 29 个县（市、区）。西与安徽省砀山、萧县、泗县、五河县相邻；北与山东微山、鱼台、枣庄、郯城、临沂、莒南等县市接壤；南界南、泰、扬，背倚黄淮平原；东缘的连、盐东临黄海，区内有中运河、淮、沂、沭、盐等水系河道。

作为大运河一区段的中运河，北起山东台儿庄，经徐、邳、宿、泗至淮安，全长 200 多千米；其中，沂、沭、泗水发源于沂蒙山区，黄河故道以南的淮水发源于河南桐柏山，流经境内 160 多千米（详见表 2）。

[1]
将苏北划分苏北、苏中两个片区是近 20 年才形成的。20 世纪 80 年代中期费孝通受江苏省委之邀调查该省农业和乡镇工业，在述及苏北区域概念时说道："如果用长江为界把江苏省划为南北两区，长江以北除了徐、连、盐、淮、扬五市以外，还有南通一市、南京市的六合、江浦两县和市区的一部分。"他倾向于划西北和东南两部分。西北部包括徐州、淮阴在灌溉总渠以北的地区；东南部包括连、盐、淮阴南部和扬州通扬运河以北的地区。至于运河以南的地区，宜将之和南京、镇江划为苏中区。江南仍为苏、锡、常。这是作者从当时经济发展的状况中产生的三分法。费氏认为以前的苏北区域概念不够明确。（费孝通 . 小城镇四记［M］. 北京：新华出版社，1985：76–87.）

[2]
如 20 世纪 50 年代初以长江为界，分苏南行政公署和苏北行政公署。未几撤销，苏北仅为一自然地理概念。

表 2　苏北亚区平原、山丘、水域面积及人口 [1]

单位：平方千米

地　区	土地总面积	其　中			人口（万人）
		平原	山丘	水域	
合计	52 116	39 532.3	6 675.2	5 908.5	3 277
徐州市	11 257	8 516.1	2 008.2	733.7	934
连云港市	7 446	3 891.4	1 722	713.6	477
盐城市	14 562	13 649.5	—	1 333.5	805
淮安市	8 962	—	—	—	532
宿迁市	8 341	—	—	—	529
占 %	—	75.85	12.8	11.35	—
占江苏省 %	50.8	56	45.5	34.1	—

苏北地区面积共计 74 785.21 平方千米。其地貌和地质大致分为五个单元：

一是位于东北部沂、沭等低山的丘陵区。该单元西以中运河为界，南至砂姜河和沭阳的新沂河沿线，东界盐河和云台山南麓，属于华北古陆鲁苏断隆和郯庐断裂带的两个构造单元，以太古界变质岩系为基；北缘苏、鲁交界处和连云港市郊在新构造的运动中形成了两列山地：一列由大、小吴山和夹谷山等组成，高度在 364—122 米间；一列合称云台山，凸起于市郊。主峰玉女峰为江苏省的最高点，海拔 625 米。在这一丘陵平原区中，沭、宿一线以北的冲积平原高程在 20 米上下；以南及东缘的地面高程在 2—3 米之间，地势普遍低洼。

二是位于西北部的徐淮黄泛平原区。南界洪泽湖，东至滨海，北接山东，西连安徽。平面形态大抵顺延黄河故道（废黄河）、呈单向伸展的长条状，宽达 10—15 千米。沿线高程从丰、沛 40 余米渐次降为徐州市区的 30 余米；西侧即洪泽湖区域的地面高程约 10 米余，自西北向东南倾斜。

三是里下河浅洼形平原区，包括串场河、通扬运河和盱眙——六合丘陵以东海拔 10 米以下的地区。特点是周围高、中央低；西北部略高，东北向低洼卑湿。

四是位处沿黄海地带的滨海平原区。该区域北抵赣榆县，南迄启东县吕四港。南北长约 400 千米，东西宽 35—40 千米[2]。

五是长江三角洲平原区。该区域苏省境内分属江南和苏北两大单元，属于苏北区域的仅为仪征、扬州，通扬运河——如泰运河——通吕运河迄至吕四港狭长的一线，是长江新三角洲沉积而成的濒江区域。形状为东宽西窄，地势自西向东逐渐倾斜，海拔 2—7 米；沿江有若干孤立的小山丘，以 105 米的狼山为最高。

苏北东为黄海，西端大运河纵贯。濒海的盐区主要分布在北起苏鲁交界的绣针河口，南至长江口这一斜形狭长的滨江平原上，跨越今连、盐、淮、南四市 20 余区县。大运河苏北段

[1]
统计数据参考江苏省地方志编纂委员会编《江苏省志·地理志》并由上述诸市官网的相关信息计算而成。

[2]
江苏省地方志编纂委员会.江苏省志·地理志［M］.南京：江苏古籍出版社，1999：137.

位于北纬32° 18′ 31″—34° 51′ 53″，东经116° 58′ 11″—119° 42′ 48″之间，北起苏、鲁交界的二级坝，南迄扬州六圩口，沿河途经沛、铜、邳、新和宿迁，淮安泗、淮（阴），扬州市宝、高、江、邗等15个县区（市），航道里程461千米。分属沂沭泗、淮、长水系，沟通淮河、长江两大流域；干支航道交织，衔接上海、连云港两大海港。苏北是全国地势最为低平的省区（地区）之一，大部分海拔在50米以下。湖泊密布、河流纵横的地表景象中，北有微山、骆马湖，中有洪泽湖，南有宝应湖、高邮湖、白马湖、邵伯湖等十个大中型湖泊，水量丰富，盛泄涸补，成为天然的调节水库。其中，水域迈越运河西洪泽、盱眙、淮安、泗阳、泗洪五县市的洪泽湖面积约2 069平方千米，为中国五大淡水湖之一，洪水期间湖面积达3 050平方千米。他如宝应县西白马湖蓄水面积也广达105平方千米、宝应湖蓄水面积为192余平方千米、高邮湖蓄水面积为663平方千米等。还有大多为古射阳湖淤废后分割而成的里下河的大纵、蜈蚣、广洋、得胜、平旺、郭城和南荡、乌巾荡等，堪为水乡天地。高邮人秦观在《咏乡》诗中道出了低下如覆盂、形似锅底的低洼卑湿之地形："吾乡如覆盂，地踞扬楚脊。环以万顷湖，粘天四无壁。"诗句高度凝练概括了自然条件和地理风貌——环万顷之湖，浩瀚无涯，也成就了其别称——盂城。当地先民因地制宜，在连片的湖泊和沼泽中垒土成垛，发展成一种独特的垛田农耕系统。湖泊、垛田和沟渠，意味着船楫普遍，人居环境特色浓郁。

冬寒、春温、夏热、秋暖，四季分明，是苏北平原的基本气候特征。主要因素：一是海洋，二是季风流。境内长达954千米的海岸线，西北处距海则达350千米以远。若与内陆或世界上同纬度地区的气候相比较，这里的冬、夏季气温的变化较为和缓，年温差微小；平原地貌使得无论是冬季北方寒流的持续南侵，还是夏季南方暖湿气流的不断北上，地形阻滞因素庶可忽略，无论苏北、中地区，抑或其西缘和东部，主因仍在于低纬度和海陆位置两项。濒海方位使其易受季风环流的影响——其他如气温、降水等大抵亦如此。低洼平原以及宽阔的运河、无所阻挡的低平地势使得西来之风强劲非凡，历代旅者官宦在来往途中也多有因风疾泊船停航的经历，南宋杨万里就曾因大风阻于洪泽湖而印象至为深刻，写下《至洪泽》：

> 今宵合过山阳驿（山阳，现属淮安），泊船问来是洪泽。都梁到此只一程，却费一宵兼两日。政缘夜来到渎头，打头风起浪不休。舟人相贺已入港，不怕淮河更风浪。老夫摇手且低声，惊心犹恐淮神听。急呼津吏催开闸，津吏叉手不敢答……[1]

简言之，冬季干冷的西北风和夏季湿热的

[1]
［南宋］杨万里．杨万里诗文集（上）［M］．南昌：江西人民出版社，2006：527. 范成大于乾道六年（1170）出使金国沿运北上时同样也遭遇了大风，其《渡淮》诗云："船旗衮衮径长淮，汴口人看拨不开。昨夜南风浪如屋，果然双节下天来。"上揭袁宏道于万历三十六年（1598）北上京师深刻体验了三月高邮湖上凌厉的寒风，写就"千里筑黄金，犹恐西风厉"（《过高邮》）的诗句等，不一而足。

东南风，气旋多、风向弗定的春风及夏、秋之交过境的台风等，既反映了苏北各地气候递变的规律性和纬度地带性的规律，又呈现了因距海远近而引发的东西之间即经度地带性的差异。

所谓“橘生淮南为橘，生于淮北则为枳”，不仅是风土习尚之异，而且也反映了淮之南北的气候之差。秦岭—淮河一线历来是中国南北气候的过渡地带，是故也常以温度带及其亚带的分布图、干湿地区和亚地区分区图作叠置所组成的网络为依据，将之划分为三个气候区，分别是：淮北暖温带季风气候区；淮南北亚热带和亚带季风气候区；沿江北亚热带温暖季风气候区。其中，淮北气候区含括今徐、淮、连境域，淮南气候区大致包括扬州、盐城区域，沿江气候区以南通和泰州南部为主，三个气候区自北而南干燥度依序递减。同理，若自南而北，则湿润度依序递减，如淮安及以北年降水量在 800 毫米以下，扬州年降水量约 1 000 毫米上下。另外，此地四季降水量也欠均匀，夏季 3 个月约占全年降水量的 40%—50%，是谓典型的雨热同季。

二、历史政区地理

殷商时的苏北地区曾分属徐州、青州、扬州。不过彼徐、扬并非今之徐、扬[1]，因地处中原统治中心的东方或东南方，故属于王朝视野中的“东夷”。周和战国时期吴、越、楚次第崛起，后秦国兼并楚、齐等统一全国。位处江淮下游的疆域自然也是东海之内的

"皇帝之土"——秦廷于此析置东海、泗水等郡。前者含今山东东南一部以及苏北沿海区域，后者辖境包括今江苏、安徽淮河以北的部分地区。赣榆一带则隶属琅琊郡（今山东省胶南县以南沿海地区）。秦末陈胜、吴广、项梁、项羽、刘邦等先后在此聚众抗秦复灭秦，形成楚汉纷争的局面。从楚汉到东汉，地方体制多为郡县和封国并行的郡国制。西汉时先后属楚、江都、广陵、泗水等方国，沛、琅琊、东海、临淮等郡；东汉为沛、彭城、下邳、广陵等国和东海、广陵郡所辖。魏晋分州、郡、县三级等第，此地隶属魏的豫州之沛国、徐州彭城国、下邳国、东海郡、广陵郡和临海郡。彼时扬州沿袭西汉制，疆域广阔——包括江南丹阳郡、吴郡、浙江和部分福建地区，与今日扬州区划迥然不同。永嘉丧乱后，黄淮、江淮大地成为北人南徙的重要走廊之一。南北朝对峙时，又为两朝竞相争夺的地带。隋一统后，先后属徐、扬二州或彭城、江都等七郡。有唐一代，又分属河南、淮南等道，徐、扬等八州。五代十国后，五代后梁、后

[1]
如《尚书·禹贡》中的"海岱及淮惟徐州"，大抵是西自济水、东迄海，北至泰山、南达淮河这一广阔范围。至于司马迁《史记》中的"徐州"，实为今山东辖境内。

兴化市昭阳镇长安中路北城门

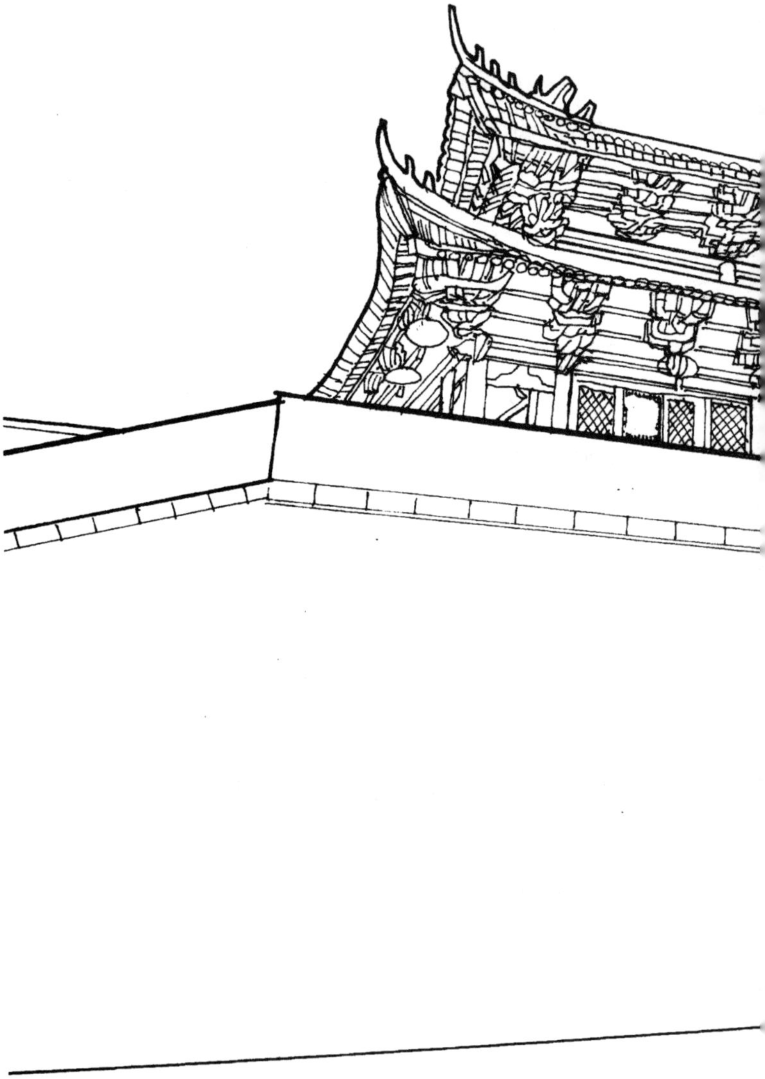

唐、后晋、后汉等国先后据淮河以北的徐州地区，后周时期又扩大至南唐的江北地区；十国中的吴、南唐、吴越等先后割据长江中下游一带并先后建国，如吴建都扬州，占据淮河以南及江南的大部……

960年废周立宋后行政区划路、府、州、县四级，苏北分属京东、淮南二路。前者有徐州，后者为扬、楚、海、泰、泗、真、通等州。1127年金兵掳徽、钦二宗，赵构遂于南京（今河南商丘）即位。南宋绍兴八年（1138）移都临安（今杭州），淮水以北先后被金、蒙所占。13世纪70年代元灭南宋，开创和实施了行省的制度，苏北分属江浙、河南（即河南江北）两个行书中省。在河南行省的东部有二路一府等第之分：淮安路，领山阳、盐城、桃园、清河四县和海宁州（下领朐山、沭阳、赣榆三县）、泗州（下领临淮、虹县、五河、盱眙、天长五县）及安乐州。扬州路，领江都、泰兴二县和真州（下领扬子、六合二县）、泰州（下领海陵、如皋二县）、通州（下领静海、海门二县）、滁州（今属安徽）及崇明州（今属上海）五州。高邮路，领高邮、兴化和宝应三县及徐州、邳州（下领下邳、宿迁、睢宁）二州，属归德府（今河南商丘）辖。明初中央直辖区为直隶，地方机构仍袭元制。洪武九年（1376），改中书省为承宣布政使司（布政司），迁都京师后分全国为南京、北京两直隶和十三布政司，苏北属南直隶，分扬州、淮安等府。如扬州府领江都、仪真（今仪征）、泰兴三县，外辖高邮州及其领县宝应、兴化，泰州及领县如皋，通州及领县海门。

从上述不难看出，苏北暨江苏省的历史脉络和行政区属甚为繁复，独立建省晚近。明时隶属于南直隶，辖区相当于今江苏、安徽和上海两省一市[1]。清顺治二年（1645），置江南省，统辖今苏、皖和沪境。康熙六年（1667），析江苏、安徽二省，前者取江宁、苏州两府首字。至于今苏北地区，则分属淮安、扬州、徐州三府和邳州、海州二州及海门一厅[2]。事实上，清代江苏行政区划的变动远非上述如此简单，如乾隆二十五年（1760）后分设江宁、江苏二布政使司，打破了清制一省一司之制；如自晚清实行督抚分治始，境内便形成两督一抚三个中心——抚即巡抚，江苏行政长官，驻苏州；两督之一为两江总督，驻江宁；另一督驻淮安，是为漕运总督。太平天国时期境内先后又建苏福省、天浦省、天京省，等等。

辛亥革命光复后，1912 年 4 月临时政府自宁迁北京，江苏都督府移住南京。北洋政府提倡军民分治，遂于 1912 年 12 月建江苏行政公署和督军公署。1914 年又改行政公署为巡按使署，1916 年复易为省长公署。冯国璋督苏期间

[1]
下辖应天（今南京）、苏州、常州、扬州、淮安等府。其中，扬州府领三州七县：高邮州及其领县宝应县、兴化县，泰州及其领县如皋县，通州（今南通）及其领县海门，江都、仪真、泰兴。淮安府领二州九县：海州（今连云港）及其领县赣榆，邳州及其领县宿迁、睢宁、山阳（今属淮安）、清河（今淮阴）、盐城、安东（今涟水县）、桃源县（今泗阳）和沭阳县。徐州府领四县：沛县、丰县、萧县、砀山县。

[2]
分别是淮安府，领山阳、阜宁、盐城、清河、安东、桃源六县；扬州府，领高邮、泰州二州，江都、甘泉（今扬州市）、仪征、兴化、宝应、东台六县；徐州府，领一州七县，即邳州、铜山、砀山、萧县、丰县、沛县、宿迁、睢宁。海州，领赣榆、沭阳两县。通州，领如皋、泰兴两县和海门厅。

曾一度划分淮扬、徐海二道——昔时所采为罢废州府、取省道县三级制的管理体制，省域设金陵（辖11县）、苏常（辖12县）、沪海（辖13县）、淮扬（辖13县）、徐海（辖12县）五道，分领60县，省会江宁（今南京）。1927年，国民政府取代北洋政府，首都回迁南京。自此迄1937年的十年间，省府还曾一度迁往镇江和淮阴，并据各县人口和面积将全省划分为61个县，厘定一、二、三等级[1]。抗日战争爆发后，中央政府及军委会统筹和经略全国战局，将前线苏北地区划为第五战区范域。战区五个兵团的广大官兵在徐州进行了浴血奋战和顽强抵抗，直至1938年失守，主要交通干线和城市随之也先后沦陷。

1938年汪伪省府成立于苏州，1940年于南京成立“国民政府”。1944年1月13日起在今苏北亚区设立淮海省，下辖徐、铜、东、砀、萧、睢、宿、淮、涟等21个县。1945年抗战胜利后省府回迁镇江。为加强对各县的有效控制和管理，遂在省、县两行政等第间添设行政督察区。苏北析分第四、五、六、七、八、九诸区。其中，第四区含南通、如皋、海门、启东、靖江、崇明（现属上海）；第五区含江都、高邮、泰县、泰兴、扬中、仪征、江浦、六合；第六区含盐城、东台、兴化、宝应；第七区含淮阴、淮安、涟水、泗阳、阜宁、宿迁；第八区为东海、灌云、沭阳、赣榆；第九区为铜山、丰县、沛县、萧县、砀山、邳县和睢宁七县。此前或嗣后，省辖区域亦多有反复和变化，如1928年一份关于重新调整江苏省行政区划的建议书，倡议将全省析为江南和江北两省[2]；1930年，行政院提议将省境划分为金陵道、徐海道两区划；1932年，采取行政区监督制，将全省析分为15

个行政区……，种种建言、动议和举措，核心在于自然地理、历史和经济间差异，也表明以江为界的北南之分由来已久。

近现代江苏行政区划、等第的变易和反复，与其地理条件、经济发展、权力分化和历史文化密切相关。1949 年新中国成立后，从自然地理计，以江为界，1949—1952 年间分苏北、苏南两行署区；后为统一洪泽湖地区防洪、蓄水、灌溉等水利工程，遂于 1955 年将皖地泗洪、盱眙置归江苏，划萧县、砀山两县至皖省。1958 年，复析松江府上海县（今闵行区）、嘉定、松江、宝山、崇明、青浦、川沙、南汇、奉贤、金山等 10 县（厅）入上海市（原上海市于 1927 年升为特别市，1949 年为直辖市，同江苏等第）。至此，今日江苏省的基本行政格局形成。截至 2015 年，苏北共设徐州、连云港、宿迁、盐城、淮安、扬州、泰州、南通八个地级市——这是遵循自然地理特征而非经济区域划分的结果。居中间杂两处“飞地”——崇明县北缘海永乡属海门、启隆乡隶启东；盐城大丰农场辖属上海。本书所述的空间和地域范围，以目前江苏省苏北地区所辖地域为准。

[1]
其中，列入一等县者为南通、如皋、江都、盐城、阜宁、铜山；二等县为泰县、东台、高邮、兴化、淮安、涟水；三等县分别是海门、启东、靖江、宝应、仪征、六合、江浦、淮阴、泗阳、宿迁、丰县、沛县、萧县、砀山、邳县、东海、灌云、沭阳和赣榆等。

[2]
两省一为江南省，计有苏州市、镇江市、吴县、常熟、昆山、吴江、丹徒、丹阳、金坛、溧阳、江宁、句容、溧水、高淳、武进、无锡、宜兴、松江、南汇、青浦、奉贤、金山、川沙、太仓、嘉定、宝山、沪，省治苏州；二是江北省，含淮阴、江都、淮安、泗阳、涟水、阜宁、盐城、仪征、东台、启东、兴化、泰县、高邮、宝应、南通、如皋、泰兴、东海、赣榆、沭阳、灌云、江浦、六合、靖江、扬中、海门、崇明、启东、天长，省治在淮阴或江都。

历史上苏北行政区划、等第的变易、反复乃至歧义，对于后来者的正确认知形成了一定的障碍，如淮阴和淮安长期为两个城市，淮安定名晚至1914年，此前一直称山阳，与淮阴相对，并长期隶属于后者；1948年合并淮阴、淮城市为两淮市，未几后者旋归盐城地区。1954年淮安隶属淮阴地区，1987年合并市为淮安市。如“腰缠十万贯，骑鹤下扬州”中的扬州乃昔时扬州刺史治所地的建业（今南京），而非今之扬州；又如今南通原名通州，现通州系南通治下的区属行政区划单元，“烟花三月下扬州”的目的地也很值得商榷……行政区划、等第高下固然繁复，但对人口、经济及自然地理等的考察仍属大要。就其历史演进的大尺度看，东部盐场区域变化缓慢，沿黄、淮、运的城乡变化幅度较为明显；南部变化在于沿长江一线因受河流束狭之变化；因盐城、南通以东成陆较晚，故受兵燹影响鲜少，此为苏北历史地理变迁的基本特点。与此相呼应的是，人口分布也与其大抵吻合，即北部黄、淮和中西部纵贯中运河和里下河地区人口较众，东中部的盐、兴、东、大、启等地或卑湿，或盐场绵延而略少。职业构成以农、盐、渔三业为主，与沿黄、淮等航线附近多从事商易、船业等明显不同。

地理环境作为人类生存和活动的重要基础和前提条件，苏北城乡也概莫能外，变迁、发展特点深受其制约。这种影响不但自始至终存在于历史进程中，而且还波及其发展的诸多方面。

首先，在社会性质和经济结构相同的条件下，地理环境是城乡盛衰的重要原因。适宜于发展的地理环境，城镇较易获得发展；反之，发展则较为缓慢。如苏北西部得益于运河开掘和贯通，沿线徐、淮、扬州等开发和发展起步要早于盐、涟、阜等东部，西部繁荣程度也远远高于东部。虽然东部的淮南盐场很早就得到开发，但基于交通和规模等因素，其管理、转输和交易中心却仍集聚于淮、扬等中心城市。

表 3　苏北各市概况一览

省辖市	面积（平方千米）	下辖区县（市）	数量	方言	民系	备注
徐州	11 571	鼓楼区、云龙区、贾汪区、泉山区、铜山区、新沂市、邳州市、丰县、沛县、睢宁县	10	中原官话	汉民族主体	
宿迁	8 660	宿城区、宿豫区、沭阳县、泗阳县、泗洪县、	5	中原官话，江淮官话	汉民族主体	
淮安	10 030	清河区、淮安区、淮阴区、清浦区、涟水县、洪泽县、盱眙县、金湖县	8	江淮官话	汉民族主体	苏北片
连云港	7 444	连云区、新浦区、海州区、赣榆县、东海县、灌云县、灌南县	7	中原官话，江淮官话	汉民族主体	苏北片
盐城	14 983	亭湖区、盐都区、东台市、大丰市、响水县、滨海县、阜宁县、射阳县、建湖县	9	江淮官话	汉民族主体	苏北片
扬州	6 634	广陵区、邗江区、江都区、仪征市、高邮市、宝应县	6	江淮官话	汉民族主体	苏中片
泰州	5 793	海陵区、靖江市、泰兴市、姜堰区、兴化市	5	江淮官话吴语	汉民族主体，越海系	苏中片，常州片，太湖片
南通	8 001	崇川区、港闸区、通州区、启东市、如皋市、海门市、海安县、如东县	8	江淮官话吴语	汉民族主体，越海系	苏中片，太湖片

其次，社会性质和经济结构一俟变革，不同的地理环境或能加速、迟缓城镇的盛衰程度。历史上素有“小扬州”之誉的淮安河下镇曾凭河、漕、盐、关之枢，备极繁盛，“城西北关厢之盛，独为一邑冠”[1]。然随着晚清河运改海运、纲盐改票等变革，顿失赖以发展的基础，市镇商业骤然萧条。再观以资源即盐业为主的盐、东、如，既无突发式的兴盛，也较少灾难型的圮废，始终迟缓。

再次，地理环境的特殊性使之呈现出不同的地域性和个性化。徐、淮、扬、高等沿运城镇的外籍客寓和商贾、匠人鳞集骈至，其街市、建筑及人居环境多样化色彩浓郁，南北风格兼融；东临黄海的射、大、海、阜、如、启等乡镇规模有限；因成陆时间晚近，故明代以前的城镇、街衢及历史遗存十分鲜见；中部东、兴、泰等地或为盐场，或为卑湿之地，境内河湖纵横，水系发达，以农业为主，较少流寓的客商，自然也鲜有各地以商贸为主的会馆、公所之类建筑，建筑样式和风格较为统一。

苏北各市面积、辖区县（市）等概况，详见表3。

三、消失的世界

12世纪时，苏北海岸线还在今盐城县治迄东台县治附近，因黄、淮、江之泥沙的日淤夜积，大片海域堆积成陆，正所谓“沧海桑田”——海岸线往东方的黄海平移了360余千米。相反，古运河入江门户的瓜洲渡已于宋元时被汹涌的大江波涛冲坍殆尽，消失在滚滚东逝的长江之中。陈寅恪谓史“诗互证”，我们不妨循诗如下：

汴水流，泗水流，流到瓜洲古渡头。吴山点点愁。

思悠悠，恨悠悠，恨到归时方始休。月明人倚楼。[2]

金陵津渡小山楼，一宿行人自可愁。

潮落夜江斜月里，两三星火是瓜洲。[3]

京口瓜洲一水间，钟山只隔数重山。

春风又绿江南岸，明月何时照我还？[4]

如果说白乐天借古渡头和吴山把相思愁升华成了怨恨之愁，那么张祜则是从江之南的金陵津渡远眺江中的沙洲，而王安石人在瓜洲却心系金陵——均因瓜洲而为之。瓜洲，原为长江中一沙洲，因形似瓜状而得名。唐宋后其淤接北岸，遂设镇筑城。上述三诗为唐宋时所撰，也就是明嘉庆《瓜洲志》中所追述“瓜洲虽江中沙渚，然始于晋，盛于唐宋，屹然称巨

[1]
[清](同治)重修山阳县志(卷一)·疆域.

[2]
[唐]白居易.长相思(其一).

[3]
[唐]张祜.题金陵渡.

[4]
[北宋]王安石.泊船瓜洲.

镇，为南北扼要之地”之时。冲刷的泥沙日积月累，将原江中沙州淤积为与北岸连接的现靖江，目今的瓜洲系清末重建的镇区。昔时京口（现属镇江）与扬州间运河中舟楫往来，须绕道瓜洲尾闾，既耗时又陡增风险几率。为保漕计，润州（今属镇江）刺史齐澣于唐开元二十五年（737）在瓜洲开掘了数十里的运河（也即伊娄河、新河或瓜洲运河）。自此，京口至扬州的漕船不再绕行。李白的《题瓜洲新河饯族叔舍人贲》一诗所盛赞者即为此项[1]。南宋为御金于乾道四年（1168）筑“簸箕城”。虽然马可·波罗的游记疑窦丛生，但其描述却颇具看点：

瓜洲是大江南岸（应为北岸）的一个小市镇，每年有大批的谷米运集在此，其中绝大部分是运往汗八里城（即北京），供给皇帝的臣民的。这里正好位于蛮子省的交通线上，这条交通线是由许多河流、湖泊以及一条又宽又深的运河组成的……在瓜洲城的对面，即江的中心，有一座完全由岩石构成的岛屿（即金山）。[2]

相对而言，清初顾祖禹的记述则颇可采信：

瓜洲城，府（指扬州府）南四十里江滨。昔为瓜州村，扬子江之沙碛也。沙渐长，状如瓜字，接连扬子江口，民居其上。自唐开元以后，渐为南北襟喉之处……或谓之瓜埠洲，亦曰瓜洲步。《新唐书》“开元十二年润州（今镇江）大风，自东北海涛没瓜步”，即此。唐末渐有城垒。宋建炎二年金人入淮南，陷天长军，自扬州驰骑至瓜洲步……乾道四年始筑城置堡于此。德祐初元伯颜陷建康（今南京），遣张弘范屯兵瓜洲……今城东西跨坝址，周千五百四十三丈，有五门，江防分司驻焉。居民商贾，骈集辐辏，谓之瓜洲镇。[3]

顾文中其在清初似乎重现了繁盛，这与嘉庆间纂修的《瓜洲志》所引旧志中大致相仿[4]。因其锁钥之位，即便蕞尔小州来往者仍络绎不绝。迨编纂民国《瓜洲续志》的1927年，衰颓之势已成定局：

瓜洲虽非县城，惟以五省通衢，漕运要地，故设官建城，视同县邑。地势临江，面对金山，隔江京口诸山如列屏障。……地设由关，厕身关务。地值水陆要冲，五方商贾云集，漕船停泊，贸易繁盛，地方富庶，风俗奢侈，有由来也。近则城坍民移，已成村落。抚今追昔，感慨系之。

[1]
〔唐〕李白《题瓜洲新河饯族叔舍人贲》诗曰："齐公凿新河，万古流不绝。丰功利生人，天地同朽灭……"

[2]
〔意〕马可·波罗.马可·波罗游记［M］.梁生智，译.北京：中国文史出版社，1998：196 — 197.

[3]
［清］顾祖禹.读史方舆纪要（卷二十三）［M］.贺次君，施和金，点校.北京：中华书局，2005：1116.

[4]
［清］（嘉庆）《瓜洲志》（卷一）所引旧志曰："瓜洲虽弹丸，然瞰京口，接建康，际沧海，襟大江，实七省咽喉，全扬保障也。且每岁漕艘数百万，浮江而至。百州贸易迁徙之人，往还络绎，必停泊于是。其为南北之利，讵可忽哉？"

不同于“沧海桑田”或再造的瓜洲，还有众多古城遗迹深埋于地下，如泗、淮水交汇处的泗口城、甘罗城、清河城、韩信城以及洪泽波涛下明祖陵等。在2015年考古六大发现中，兴化、东台两市交界的蒋庄良渚文化遗址名列第二。该址是长江以北地区首次发现的良渚文化大型聚落并随葬琮、璧等玉礼器的高等级墓地，为目前发现墓葬数量多且密集之处，突破了以往学界认为良渚文化分布北不过长江的宿论。也许，这些遗迹称为“沉睡”较“消失”更为妥帖或准确。历史上长江口的广陵潮曾经名闻遐迩，西汉淮阴辞赋家枚乘在《七发·观涛》中，以“鸟不及飞，鱼不及回，兽不及走”之句描写了在扬州就能看到的汹涌澎湃的广陵潮。与之相仿的是，唐代泰州也是濒江临海之所，故诗人王维吟出“浮于淮泗，浩然天波，海潮喷于乾坤，江城入于泱漭”之句。唐之前扬州城名虽屡有变化，但其位始终未变。大概在唐中期，由于江滨积沙渐宽，江岸逐渐南移。现为扬州市下辖的仪征（也称仪真、真州）为淮南盐运的重镇。马可·波罗以其惯常夸张的言语曰：

> 随后又到达一座建筑坚固的大市镇——真州，这里有大量的盐可供给邻近各省。大汗从这种盐务所收入的税款，其数量之多，几乎令人无法置信。居民崇拜偶像，使用纸币，是大汗的百姓。[1]

自洪武十六年（1383）将淮南批验所由瓜洲迁于仪征南后发展迅速，嘉靖三十五年（1556）尹台于《皇明增筑月城记》中云：“仪真东南偏邑也，然其地居江淮之会，近接吴楚，远极蜀黔，水浮陆走，贡篚漕艘，货贾鹾商，竹箭木材麻丝布绮粳粟器殖所转输，东南际万里，寸产尺供，辐集京师，莫不于是焉达之。故县上下仅一水，凡绕折不数里间，津梁市巷，鳞次栉比。掣挽若呼，朝昏不绝，即名都巨镇，其盛鲜或过之。”如此地利和商机，自然吸引众人和盐商们远近悦来，一时“一邑数万家，顾城不及其什之二三”[2]。袁宏道就此而赋，他于万历二十五至二十五年（1597—1598）在仪征逗留经月，往来于仪、上（上元）、扬和南京之间，留下了《喜小修至》、《送梅子马督木北上》、《游仙诗为胡仲鱼作》等数十首诗篇。时日本丰臣秀吉侵朝鲜，明廷援朝而与其交战。为防倭寇侵掠，遂筑城置垣，“城周九里有奇，编户十四里”[3]。清初仪征因盐复兴，袁枚的诗句也从侧面印证了其景象：“流过扬州水便清，盐船竿簇晚霞明。江声渐远市声近，小小繁华一郡城。”[4]

历史上苏北曾领先于苏南——当太湖平原还是满目沼泽时，苏北开发已拉开帷幕。据《尚书·禹贡》载，虞、夏以降淮河以北的青州、徐州和淮河以南的扬州等地农田也广，时徐州为“厥田惟上中（上等之中）”，厥赋中

[1]
〔意〕马可·波罗.马可·波罗游记［M］.梁生智，译.北京：中国文史出版社，1998：192.

[2]
［明］（隆庆）仪真县志（卷十四）·艺文考.

[3]
［清］顾祖禹.读史方舆纪要（卷二十四）［M］.贺次君，施和金，点校.北京：中华书局，2005：1127.

[4]
［清］袁枚.真州竹枝词.

中（中等之中），扬州“厥田惟下下（下等之下），厥赋下上（下等之上）”。——北方徐州田土质量远高于江南等扬州属地的“下下”之“厥土”，因系“惟涂泥”，故列倒数首位。自青铜时代关捩为铁器时代后，苏北各地开垦渐众，耕作技术得以改进，农作物产量也有所提高，徐淮地区还曾以“好农”著称。在泗洪重岗西汉画像石《农耕图》中，上部表现二牛抬杠式犁耕，一人在前牵牛，一人在后扶犁；下端为播种图，前有一人撒种，后有两人平土盖种[1]。这种二牛抬杠式的犁耕是西汉各地通用的一种犁耕法。迄至汉末，徐州已为粮产丰富的地区之一。陶谦为徐州牧时，“徐方百姓殷盛，谷实甚丰，流民多归之”[2]。爰中唐时，扬州俨然“扬一益二”，清中期的扬州亦仍为全国一方重镇，经济发达，文化繁荣。也就是说，苏北的贫穷和落后前后不过二三百余年。除却兵燹、人口流失外，根柢还在于黄河。南宋杜充属意用水阻挡金兵南下，遂于1128年于今河南滑县掘堤放水，自此，黄河改经豫东鲁西南之道、汇泗入淮进入苏北700余年，江淮经济从此一路下滑。据河臣靳辅所奏：下河地区原无水患，高邮、宝应诸湖多属田亩。至明初始遭水患漫滁成湖。他于康熙十七、十八年（1678、1679）堵筑清水潭时，在两堤中挑出洪武（1368—1398）、永乐（1403—1424）、洪熙（1425）以及宋元旧钱，发现众多日用器皿、砖井、石砌街道等遗迹[3]。其结论是“夫以清水潭为高邮最洼最险之处尚系民居，则高宝诸湖等处更可知矣。此被水漫滁之明验也”[4]。与之相似的是骆马湖也系田亩庐舍之所。明时黄河决泛，河底垫高，漫漶之水流泄至低洼处的田亩而成湖泊。这也是“黄浸夺淮，乃先夺沂、泗，此为沂、泗祸淮北之主因”[5]的论点所系。数年前，笔者有一宿迁学生曾告知，当地上了年纪的农户至湖泊迄今仍习称为“下田”，可为此注一脚。赣、东、射、涟、阜、沐等地虽近黄海，却屡受黄、淮、运三河泄洪泛滥之灾，水患之虐导致田亩水浸失收、土地贫瘠、壤荒户寡。明代张瀚笔下所记徐淮之情可资佐证[6]。水患时如此，春季又逢干旱[7]。《北中国纪行》中载，除了近海“土地有浓重的盐霜”这一客观因素外，春季因田土缺水，竟成为不毛之地！直至20世纪下半叶苏北灌溉总渠修成后，洪泛春旱之灾终于消失，然其遗痕仍依稀可辨。

[1]
南京博物馆．江苏泗洪重岗汉画像石墓［J］．考古，1986（7）．

[2]
［南朝宋］范晔．后汉书（卷七十三）·陶谦传．

[3]
［清］靳辅．治河题稿//靳治豫．靳文襄公（辅）奏疏（卷六）．

[4]
［清］靳辅．治河题稿//靳治豫．靳文襄公（辅）奏疏（卷六）．

[5]
马俊亚．被牺牲的“局部”——淮北社会生态变迁研究（1680—1949）［M］．北京：北京大学出版社，2011：222.

[6]
张瀚在《松窗梦语（卷二）·北游》记中又曰：“村落仅存高阜之十一，余皆巨浸波涛，舟船无岸可傍，停于水中。官民舍宇，尽皆没溺，一望渺然，惟数峰巅而已。……过沽头等闸皆溺漫汪洋，淼不知闸之所在矣。”（萧国亮，点校．北京：中华书局，1997：22.）

[7]
日军谍报员于1876年4月21日从阜宁县北渡黄河，对所经过的村落、地形、气候、物候、物产、风俗、城廓和炮台兵丁等记录详尽，在述及春旱时说道：“……（阜宁）西北方向耕地茫茫，宛如大湖。右边青畦满目，左边多有茅屋。因为缺水，地上挖有很多深坑，以蓄积雨水。……曲折而前数里，经过一片稀疏的树林，……眼前是平漠不毛之地，土地贫瘠，草木不生，土地有浓重的盐霜，更不见有行人。”（［日］曾根俊虎．北中国纪行·从阜宁县渡黄河到安东县［M］．范建明，译．北京：中华书局，2007：215.）

一、资源、水利和交通

苏北土地类型多样，洪泽、泗洪、泗阳、金湖、宿迁和新沂等地为沼泽土；盱眙、泗洪、铜山、赣榆等北部县市以黄棕壤为主，适宜林木种植；黄潮土主要分布在黄淮平原中，可种植水稻、三麦等；赣、灌、响、滨、阜、射、盐、大等濒海盐渍土地区宜种棉花；分布在黄河故道及大沙河两岸的铜、睢、丰、沛、宿、沭、泗、滨、东等县市的沙淤土适宜种植水果。水系丰沛的苏中里下河地区土壤以鸭屎、青泥土为主，蒜瓣、黑黏土为辅。扬、泰（兴）和泰（州）部分地区及如、海等地则以漏水漏肥为主的高沙土地区，由长、黄共同堆积而成；渍积而成的沿江各地平原为适宜种稻和植棉的灰潮土。历史上泰州曾经是著名的粮仓，左思《三都赋》“窥东山之府，则瑰宝溢目，覵海陵之仓，则红粟流衍”句中的“红粟”，应就是《隋书》中的桃花米[1]。濒海启、海、盐、大（丰）、射、滨等地受海水浸渍，土壤含盐量高，粮食产量低。盐碱地的形成是自然与人为双重因素作用的结果，成因大约是较高的地下水位使水中盐分上升且聚合在土中。因其较大的水分蒸发量促使地下水中的盐分向上运动和累积——盐分积聚到一定的浓度，土壤中含盐量就趋于饱满。

纵观因盐而生、命名的城市（地区）暨宁夏盐池县、云南盐津县、河北盐山县、深圳盐田区和盐城五处，盐池、盐津位处内陆，后三者在沿海——沧州市盐山县濒临渤海、盐田区临近南海，盐城为黄海之畔。大约是人类出于对盐这一特殊自然资源需求的生理本原，产盐地均曾演绎过战争与和平的历史进程：远古黄帝、蚩尤之战实系两部族间为争夺生存空间和自然资源而引发，含括了控驭河东盐池的意图；川东巴族的迁徙线和目的地一直追随着盐源——清江上游和巫山丰富的盐资源成为巴人聚居的渊薮。盐近似卤，东汉许慎《说文》有云“天生曰卤，人生曰盐”——卤经加工方能成盐——卤为自然的馈赠，盐是产品，也是战

[1]
刘邦侄吴王刘濞统辖东南三郡五十三城，开河、铸钱、煮盐、造铁，囤积红粟。又，楚灭吴后今苏省属楚境，楚语中视水边陆地为陵，如广陵（今扬州）、金陵（今南京）、延陵（今常州）、松陵（今吴江区治所）、海陵等，后者便是泰州。时红粟名闻遐迩，如唐有白居易的“红粒香复软，绿英滑且肥”，宋有陆游的“香粳炊熟泰州红，苣甲莼丝放箸空”等赞咏诗句，以及初唐骆宾王《讨武曌檄》文中“海陵红粟，仓储之积靡穷”的渲染。

略资源和物资，是故盐业素为宝重。西汉元狩四年（前 119），即因“煮盐利兴，穿渠通运”而名“盐渎”，置盐渎县。东汉孙权之父孙坚履新以一介县丞之职，“以盐开疆”，积蓄力量。迨至东晋义熙七年（411），又因“环城皆盐场”而更名盐城县。星罗棋布的盐场将聚落围合成瓢状，“瓢城”之称不径而生，也寄寓了民众于海陆间“漂浮于水，永不沉没”的愿望。隋迄清时，政府在两淮地区设有专司海盐的监管机构[1]，明代盐官竟高居从三品。宋代在制盐技术方面取得的巨大成就在于运用皂角加速食盐结晶的验卤技术的突破，以及大型铁盘的发明。皂角系一豆科植物种子，其内部的化学元素经水解后会生成一种新的物质，可加速食盐的结晶——煎盐时间的缩短节省了燃料和劳动力。铁盘系盐民煮盐所用，在继承汉唐技术的基础上，用若干块铁片组成可分可合铁盘，极大地提高了劳动生产率，故北宋淮东海盐之利已高居天下之半。清初以淮河为界分北、南，由三个分司管辖（表 4），下设 23 场（淮南 20 场，淮北 3 场），广 800 余里，盐业繁荣时诸地“海滨贫灶，俯仰皆赖盐利”[2]。

苏北沿海滩涂资源得天独厚，仅盐城一地总面积就达 4 550 平方千米（含辐射沙洲）。其中潮上带 1 677 平方千米，潮间带 1 610 平方千米，分别占全省的 75%、64.6%、60.8%。今黄海一线仍在向东“积淤”和扩展，射阳河口以南沿海以每年 10 多平方千米的速度向海延伸，是为名副其实的“黄金海岸”，也因之成为江苏省最大和最具潜力的土地后备资源。国家级保护区大丰麋鹿自然区、盐城珍禽自然保护区是两项利用滩涂资源建设的著名湿地，前者保护核心区域面积达 0.27 万公顷，后者先后加入联合国教科文组织人与生物圈保护区网络、东北亚鹤类保护网络、东亚—澳大利亚涉禽迁徙网络、东北亚雁鸭类迁徙网络和国际重要湿地等五个国际公约组织。

苏北平原除了风、虫灾害和气候等重要影响因素外，水之利害堪称重中之重，实谓一荣俱荣、一损俱损：水利整饬好，风调雨顺，丰收无虞；反之，旱涝难保，乃至威胁生命和财产。因河患不息，是故境内治黄、淮、运和海塘工程未息。唐宋时基于扩大和利用近海土地，防止海潮侵袭，相继在沿海地区修建了为数众多的捍海堰。范仲淹于宋真宗天禧五年（1021）至泰州任西溪镇盐仓推官。因沿海沙岸低洼地势负于潮位，遂役率通、泰、楚、海四州众民历时五载，修堰长 25 696.6 丈（合 71 千米）、基宽 3 丈（合 10 米）、高 1 丈 5 尺（合 5 米）、顶宽 1 丈（合 3.3 米）的捍海堤。农田和盐场得以保护，鱼盐复苏，秋收丰盛，流民安居。后人为彰显其功，将堰称为“范公堤”[3]。后海门知县又征调民夫灶丁筑堤约 70 里，北接范堤，南至吕四，将南北捍海堰连成一体。黄淮地区最大的水利工程莫过于治理黄河，修复和扩建陂塘（水库）。如原

[1]
据清初顾祖禹所述，盐城，“古盐亭也，历代海岸煎盐之所。南唐置监，管盐亭百二十三。寰宇记‘南唐立盐城镇，周平江淮，因之不改，管盐场九所……’邑志：县人以煎盐为业，不耕种而富饶，公私商运，舳舻千计，此吴濞所以富国强兵，而抗衡汉室也。今府境之盐场凡十，而在盐城者四……皆民生所赖，而国用所资也”（[清]顾祖禹.读史方舆纪要（卷二十二）[M].贺次君，施和金，点校.北京：中华书局，2005：1084.）。

[2]
[清]（嘉庆）东台县志（卷一八）·盐法.

[3]
又据清乾隆进士阮葵生述：“下河一带，堤名范公堤。自吕洪至徐渎，接连数百里，环绕数十场。外捍海潮，内护盐河民田，利至溥也。系宋张、胡二公所筑，文正（范仲淹）不过赞成之，盖范功在社稷，故天下之善皆归焉。”（阮葵生.茶余客话（卷二十二）·范公堤[M].李保民，校点.上海：上海古籍出版社，2012：542.）

泄水欠畅的洼地洪泽湖，后潴水成湖。因该湖底高出东部里下河地区 5—9 米，万顷湖水端赖高家堰作屏，从而构成“堰堤有建瓴之势，城郭有釜底之形”的高耸悬湖。清道光年间，黄河夺淮，泥沙淤积，北高南低的洪泽湖导致部分水流南下至高宝湖、里运河，构成严重威胁。

表 4　两淮三分司盐场、灶丁、卤池、亭场、灶房、属县一览

分司	盐场	灶丁（人）	卤池（口）	亭场（面）	灶房（面）	属县
通州分司	吕四	16 760	792	792	792	通州（今南通）
	余东	17 224	474	474	474	
	余西	20 435	—	116	83	
	金沙	14 384	310	817	478	如皋
	丰利	6 999	307	307	370	
	掘港	17 279	2 284	1 416	4 684	
	石港	15 375	64	64	64	
	栟茶	7 541	921	921	921	东台
	角斜	7 233	576	576	1 152	
小计	9 场	123 230	5 728	5 483	9 018	
泰州分司	富安	43 962	2 150	2 150	1 209	
	安丰	48 413	2 702	2 702	2 702	
	梁垛	20 474	900	1 477	511	
	东台	25 741	1 368	1 438	1 348	
	何垛	24 049	1 699	1 499	1 499	
	丁溪	48 480	861	1 310	920	兴化
	刘庄	23 741	577	577	577	
	草堰	30 486	1 091	1 091	1 091	

（续表）

分司	盐场	灶丁（人）	卤池（口）	亭场（面）	灶房（面）	属县
泰州分司	伍祐	80 065	3 513	3 513	3 513	盐城
	新兴	49 625	1 884	1 884	1 884	
	庙湾	50 712	291	291	1 056	阜宁
小计	11	445 748	17 036	17 932	16 310	
海州分司	板浦	12 200	5 770 砖池	—	3 225	灌云
	中正	12 042	2 588 砖池	—	—	
	临兴	11 763	819 砖池	—	755	赣榆
小计	3	36 005	9 177	—	3 980	
总计	23	604 983	31 941	23 415	29 308	

在明清500多年的历史长河中，苏北社会和经济经历了上下起伏、波动明显的峰谷历程。里运河地势坦荡，区段间无高程差距悬殊之虞，但受黄淮影响至为严重——黄河南下夺淮，鹊巢鸠占，淮河遂成无适当的“出口”的内河，时常泛滥成灾，影响里运河的安全。故其整治要义就是疏浚河道和筑堤建闸两项。在疏浚和固堤中，洪、高、宝诸湖的底部遂高出海平面3—6米，平或高于里运河地区的地面；湖面水位最高时竟达9—16米以上，成为典型的“地上悬河”。一俟水位上涨平至运河东大堤时，只能掘开运堤分泄洪水，流入下河——下河地区遂成泽国。自1855年黄河改经山东利津处入渤海、淮河出口泛滥始，据《清史稿·河渠志》记载，顺治二年至十七年间（1645—1660），黄河大的决口16次，康熙元年至十六年间（1662—1677）竟达67次。黄河倒灌淮、运，泥沙堵塞运道，直接威胁漕运，也严重危及黄淮地区人民的生命财

产。到20世纪20年代末的80余年间，里下河因淮河水患为灾达60多次，几乎年年为害[1]。河道总督靳辅见淮、扬二府所属州县因“河道久不治”造成了严重危情，“归仁、王家营、邢家口、古沟、翟家坝等处先后溃溢，……下河七州县（高、江、山、盐、宝、泰、兴）淹为大泽，清口涸为陵地”[2]。为了稳定和巩固江淮、江南的政治统治，保障黄、淮、运诸河的安全或漕运的顺畅，康、乾曾各自进行了六次南巡。康熙三十八年（1699）玄烨第三次南巡，亲见“黄河逼近清口，黄水倒灌，以致淤垫；洪泽湖水不出，自高家堰减水坝入高、宝诸湖，自高、宝诸湖流入运河，以致下河田地悉被淹没”，遂作出以挑浚和清淤为重点的整治方案，指出“如不得清口挑浚，（洪泽）湖水不出，高家堰并运河堤工虽加高、厚，（仍）均属无益”[3]。经整治，淮、扬二府的里下河水患渐息。弘历南巡，也以为“南巡之事，莫大于河工”[4]。两江总督曾国藩、沈葆桢、刘坤一、左宗棠等先后在诸如淮河水害、疏导运河、加固堤坝等方面役众整治，初显修治之功。1931—1933年持续的水患旱灾，给苏北造成了巨大的损失。基于黄河决口、淮河泛滥，运河通航困阻，政府遂疏浚中、里运河及自六闸至瓜洲间的入江水道；加高中、里运河两岸堤顶和修补堤身等。同时，疏浚六塘河以阻黄河侵入运河。此项工程西自宿迁，经泗、淮、涟、沭、东、灌，包括掘深河道、加高堤岸等，还有导淮工程。虽然里下河地区一直以来保持通航，但因淮河泛滥等因素，致使农村常常歉收。整治工程自1933年开始，至1936年竣工，通过导淮水入运汇江，小部分流入黄海，集防洪、航运、灌溉三大部分为一体，结合围堤、设闸、掘河等工程，使其得以“江海分流”。

大致而言，扬、淮等城市因得运、盐之利，在清初至清中叶迎来了历史上的黄金时期；南通自清末至民国时期，成为城市变革的先导；因黄河夺泗，沿黄地区损失难以估量；随着晚清大运河漕运的终止，又因清政府盐政的改革、津浦铁路的开通等，使苏北多地失去了蓬勃发展的契机，扬、淮、高等沿运城市趋于衰微。

明迁都后，大运河漕路重取苏北，南北连接钱塘（杭州）和通州，自杭州经江南运河，从镇江渡江，经扬、高、宝，高、宝、淮，由清口入淮与黄河交汇，至茶河与会通河交汇，再沿元代所凿的会通河出临清，由卫河至天津、白河，直至通州、京师。元初，江南漕粮北运困难重重，遂役众开掘纵贯南北的运河，比隋代大运河缩短了近 800 千米，苏北境内的中运河、里运河穿越今徐、宿、淮、扬等西部主要城市。炀帝于大业元年（605），“又发淮民十余万开邗沟，自山阳（今属淮安）至扬子入江”。隋代大运河沟通长、淮、黄、太和钱五大水系后，扬州城的战略地位愈加凸显和重要。永乐十三年（1415），朱棣役众开清江浦四闸，建淮安五坝，又新开高邮湖塘岸 35 里等。元明清三

[1]
江苏社会科学院《江苏史纲》课题组．江苏史纲（近代卷）[M]．南京：江苏古籍出版社，1993：424.

[2]
清圣祖实录（卷六十三）·康熙十五年十月壬戌．

[3]
清圣祖实录·（卷一百九十五）·康熙三十八年九月戊申．

[4]
乾隆御制文二集（卷十四）·南巡记．

代持续地开凿和疏浚大运河以确保南方地区的物资、谷物等源源不断地运往首都，在政治、军事、经济方面彰显了极其重要的功效，历代庶几举全国之力，保障这一生命线的存在和巨大功能。

历史上苏北交通状况优劣并存，发展欠平衡：沿运徐、宿、淮、高、扬、泰等城市借助运河，交通便捷；盐、阜、兴、东、海、滨、建等城镇则内向闭塞。元代交通和海运方面拓展力度得到强化，成效显著。还有朝廷在各地设立的驿传和急递铺，通过这一体系将全国联系在一起，保证了物资运输和信息往来。元代驿站规章繁复，除驿站外，在交通线上相距十里许还设有传令递旨的急递铺，每十铺设一邮长，每铺有铺兵日夜守候。从明代申时行等编纂的《兵部二十八·天下见设水马驿》中苏北地区驿站分布图看，明代今江苏范围内共33处驿站中，苏北地区主要沿大运河沿线设置，非大运河沿线仅有海州（今连云港）、兴化、如皋、通州（今南通）等少数。具体检视，明代应天府（今南京）共有驿站八所；苏州、常州府各二所；镇江府三所，然位处苏北的淮安府却达到了五所（淮阴驿、清口水驿、桃源水驿、下邳驿、钟吾驿）；扬州府六所（广陵驿、邵伯驿、仪真水驿、盂城驿、界首驿、安平驿）；徐州七所（利用监驿、黄河东安马驿、桃山马驿、彭城马驿、房村驿、夹沟驿、泗亭驿）。虽然明初驿传“惟军机事务，以符验以驿，余并禁止”，宣德后随着“给驿”范围的扩大，从中可以窥见苏北沿运驿站的密集状况。明代南北两都的驿务中枢会同馆与各地的驿、所、铺、舍机构一道，形成遍布全国的驿传网络。自秦汉以来，海运已通，但直至南宋，在运输中难有作为。为便于南方粮食北输和与东南沿海国内外贸易的联系，元廷遂兴海运。三条海运线路中有两条与苏北密切相关：第一条自太仓刘家港始发，沿苏北海门、长滩（今如东东部）、盐城、海宁（今连云港）北至鲁、冀，此线曲折艰难，常遇沙搁浅；第二条自刘家港开洋，至三沙洋子江（今上海崇明西北），过扁担沙、大洪（今启东东南，已成陆）、长滩，再至山东成山、刘岛（今属威海）、芝罘、沙门（今属烟台），抵界河口，此线从今苏北如东的万里长滩至成山径直航行，航程既短，又绕过沿岸沙滩，耗时约半月。因元朝海运的主旨在于南粮北运，故海运路线始终不离苏北沿海。

二、社会、商贸和经济

西晋永嘉丧乱，中原民众大量南迁淮南，民众交流趋于密切，农业经济较前期日盛，徐、扬的旱、水田陆续得以垦辟。及宋，农业技术有了长足的进步，时淮南路的农作物已是“岁收谷，麦两熟”[1]。明万历时，扬州府属地区粮食作物主要有稻、麦、菽、黍、稷类，水稻品种有黄稑、乌节、大小香班籼米、水赤籼、小白籼和

[1] 宋会要辑稿・食货（卷六十三）.

龙爪籼、六月籼等；麦类有大麦、小麦、荞麦三类。其中大麦分晚麦、淮麦等；小麦有春麦、短管、赤须、芦麦等之分；菽有大黄、大青、大紫等品类。在沿海地区开始推广种植收成较好的棉花等经济作物，所产棉花畅销徐、淮、鲁等地，后又从江南引进织造技术，进一步促进了土布业的发展。扬州府属的江、仪、泰、高、宝、如等地亦种桑养蚕。在明廷有关鼓励百姓种植桑麻等经济作物的倡导下，扬、南等地桑蚕业虽然还不能与江南相埒，却也初具规模[1]。徐州北缘的利国驿、泗洪县小峰山和盐城三羊墩等地先后发现的汉代冶铁遗址和铁器，说明汉武帝时其冶铁业就已经较为发达，并在沛、彭等地设铁官经营冶铁，其他金属冶铸、纺织、陶瓷、造船、煮盐等手工业也得到一定的发展。至于起步甚早的海堤，先后修筑东海县海堰，因贮积淡水而“大获浇溉”[2]。唐复修筑北起盐城、南抵海陵 140 余里的海堤“常丰堰”，以保盐场和农田。宋代苏北盐政上屡树功绩的晏殊、吕夷简、范仲淹三位参知政事，分别在此筑堰建堤。

隋唐时的徐、扬、淮三地迎来了社会经济史上的第一个黄金时代，开凿和疏浚运河及发达的南北交通是其发展的重要因素。扬州俨然已为著名的繁华都市，“时人称扬一益（成都）二”[3]，为江、漕、海“三运”的港口和商埠，麇集了来自各地的商贾、手工业者、官宦和流民。运河的职能也从军事易为以经济为主导，蜀冈下已形成了工商业区域。隋炀帝三下江都的要旨仍在于利用此地四通八达的交通中心，扩大其影响。唐时扬州城南北长约 15 里、东西宽 7 里许，南北街道长约 10 里。故诗人张祜在《纵游淮南》一诗中称“十里长街市连井”，杜牧在《赠别》一诗中有“春风十里扬州路，卷上珠帘总不如”，他还在《扬州三首》诗中描绘了该城的繁华景象："街垂千步柳，霞映两重城（罗城、子城）。天碧台阁丽，风凉歌管清。纤腰间长袖，玉佩杂繁缨。栴轴诚为壮，豪华不可名。"这里市场繁荣，即便夜间亦是热闹非凡。王建《夜看扬州市》诗云："夜市千灯照碧云，高楼红袖客纷纷。如今不似时平日，犹自笙歌彻晓闻。"安史之乱后由盛而衰的唐朝财赋亦主要依赖于江淮，所谓"今方用兵，财赋为急，财赋所产，江淮居多"[4]，"赋取所资，漕挽所出，军国大计，仰于江淮"[5]。

大约自宋代始，扬州逐渐与蜀冈"分离"。城内街衢道路与水系相连，城外街道与城市水系的关联度也得以强化。比如，"大东门钓桥外百步至街口，东为彩衣街，南为北柳巷，北为天宁门街。城河西岸自城门路北街级下入小巷，出河边，至东水关；东岸自钓桥外路北姜家墩巷阶级下，左折出河边，至东水关。大东门马头三：一在钓桥外路南河边，一在城门路北阶级下，一在东水关东岸"[6]。由上可知上述等咸以城市水系为纲，纲举目张。彼时扬州交通枢纽地位优越：北上可顺邗沟抵中原幽蓟；南

[1]
如"扬州府额设桑二万三千八百七十五株，科丝不等。其丝一万六千四百五十二两五钱，每丝不等折绢一匹，其绢八百四十一匹二丈四尺零，丝六十四两五钱。官桑三十四株，民桑二万三千八百四十一株。江都县桑二千七百六十株，每株科丝二线一分七厘五毫，其丝六百两三钱，每丝二十两折绢一匹，其绢三十匹零丝三钱。"（[明]（万历）扬州府志（卷四）·赋役志下·杂赋.）

[2]
[宋]乐史.太平寰宇记（卷二二）·河南道二十二·海州.

[3]
资治通鉴（卷二百五十九）.

[4]
资治通鉴（卷二百一十八）.

[5]
[唐]权德舆.权载之文集（卷四十七）·论江淮水灾上疏.

[6]
[清]李斗.扬州画舫录（卷九）·小秦淮录[M].陈文和，点校.扬州：广陵书社，2010：109.

下可渡长江吴越；西行则溯江趋两湖和巴蜀；东向亦可沿江至海岸口，洵为“天下九州之通衢”。据明嘉靖《维扬志》卷八记载，南宋嘉泰时（1201—1204）“在城户三千六百三十七，丁口二万一百一十七。宝祐四年（1256）……在城户七千九百七十五，丁口三万五千九百六十七”[1]。在短短的五十余年间，在城户增加了120%，丁口新增80%，人口增长速度十分明显。人口的快速增长一方面与工商业经济快速发展密切相关，另一方面也与南宋在扬城扩军、增员以抗金有关。元代扬州“介江南北，而以其南隶浙西，其北隶河南，壤地千里，鱼盐稻米之利于擅东南，为天下府库盖将百年矣”[2]。其地“商贾云集，舟楫溯江远及长沙”[3]。再来看其北缘的淮安，也大抵如斯。马可·波罗曾记载其聚集大批的船舶运送货物到多地，“每日穿梭不息。大批的商品在此集散，通过黄河运到各地销售。这里还产食盐，不仅可供本城之用，而且还可输往其它各地”[4]。其东南缘的宝、高、泰、东、如等地，也都是工商业兴盛之地。

长江、运河和蜀冈是构成扬城的主要地理条件，自从春秋末年吴王夫差开凿了第一条沟通江淮的邗沟起，便在蜀冈上建立了邗城，这是历史上最早的扬州城。用南朝鲍照在《芜城赋》中的话说，就是“弥迤平原，南驰苍梧涨海，北走紫塞雁门。柂以漕渠，轴以昆冈”。赋中的“柂以漕渠，轴以昆冈”，点出了蜀冈所处的地理环境和条件。自此，芜城成为扬城的专指。马可·波罗曾不惜笔墨形容扬州的兴盛，还描述了其他如宝应、高邮、通州、淮安等地活跃的工商业、发达的盐业和丰厚的税入等景象：“从真州向东南方向前进，即到达一个重要的城市，名叫扬州。

在司法上它管辖着二十四个市镇，所以不容置疑，这是一个重要的地方。此处隶属大汗的版图，人民是偶像崇拜者，以商业和手工业维持生活。他们制造武器和其它所有军用品，因此有许多军队屯驻在这里。”尽管马可·波罗并不清楚运河是如何开凿的，但看到了由此而来的福祉。在谈到瓜洲一带向北延伸的大运河时，他这样说道：“（通往）蛮子省的交通线上……是由许多河流、湖泊以及一条又宽又深的运河组成的。这条运河是由大汗下令挖掘的，为的是使船舶能从一条大河驶入另一条大河，从而由蛮子省可直达汗八里，而用不着沿海航行。这个宏伟的工程之所以值得赞美，不仅在于它把境内的河道交通连接起来，或它惊人的长度，而且因为它为沿岸各城市造福无穷。河的两岸也同样建有坚固、宽阔的河堤，因此使陆行也十分便利。”[5]

明清时扬州城市人口总体趋于上行期。从其结构分析，因明嘉靖三十五年（1556）为防倭入侵和发展工商业而筑新城，其工商业已蔚成气象。正如明嘉靖《维扬志》卷十一所载：“国朝江都当江淮之冲要，民俗喜商，不事农业，四方客旅，杂寓其间，人物富庶，为诸邑

[1]
［明］（嘉靖）惟扬志（卷八）.

[2]
孙大雅 . 沧溟集（卷二）· 送淮南省掾梅择之序 .

[3]
姚燧 . 牧庵集（卷二三）· 真州路总管府经历吕君神道碑铭并序 .

[4]
〔意〕马可 · 波罗 . 马可 · 波罗游记［M］. 梁生智，译 . 北京：中国文史出版社，1998：190 — 191.

[5]
〔意〕马可 · 波罗 . 马可 · 波罗游记［M］. 梁生智，译 . 北京：中国文史出版社，1998：196 — 197.

高邮市北门大街竹篾店

最。”清代扬州的手工业赓续前朝，发展趋于鼎盛，商业人口比重进一步扩大，以漆器、玉器、木器、竹器、刻书、铜器业等为代表的手工业普遍获得快速的发展，商市一片繁盛，人群踵接，纷至沓来。巨商大贾中既有赖典当发迹者，更有业盐致富者，不一而足。对此，《重修扬州府志》卷六十中如此记载：“江都郭以内多杂居之人。处新城者，尽富商大贾。崇尚侈靡，且阃司转运，南北崎峙，又多军灶焉，……四方富贾、宦游者，买妾皆称扬州，麇至而蝇聚，填塞衢市。”

基于运河交通、盐业和其他物资转运等，漕运中枢的淮安人口的变化幅度也颇显著，人口数量与运河盛衰的关联度更高。因建署于此的总督漕运部院、巡抚衙署和总兵府等官阶高、属吏、卫漕兵丁众多，加之仓司屯卫等，对商业的需求量也急速增加，城内外店肆酒楼，摊贩茶食等填街塞巷，鳞次栉比，人户稠集，市井繁荣。如从山阳城南一直到清河马头镇，各类店铺密集，青旗沽酒舫、红板卖鱼船，穿梭不息；水上河岸、十余万人赖商业以谋生，市不夜息。所谓“清淮八十里，临流半酒家”，“淮浦高楼高入天，楼前贾客常纷然。歌钟饮博十户九，吴歈不羡江南船”等，就是昔时商业和饮食服务业盛况的写照。迨至清咸丰年间太平天国建都天京（今南京）后，随南北转输的减降而下沉。至光绪间，淮安地位堪称一落千丈，光绪三十一年（1905）的“清淮绅商士庶公建”恩公路碑的碑文中对比作了如下论述：“清淮扼南北水陆之冲，揽河漕、盐关之要，夙称繁盛，莫之与京。……（自）漕艘停运，江海通轮，舟车罕至，遂日即凋敝，而莫之或恤。”

昔时淮安盛产各类酒曲，酿造业发达。据明代《淮安府志》记载，名酒有“金盘露、珍珠酒、腊黄酒、细酒、状元红、五香药酒、桂花酒、白酒、黄酒、烧酒”，“正德以前人造曲户百余家”[1]。因大量产酒耗麦不止，以至于总督漕运御史陶琰于正德六年（1511）上奏曰：“淮民造曲者，岁所糜麦无虑数十万石，请权时禁之。”淮安的铜器，质精艺高，产品有鎏金炉、鎏金壶、瓶、神佛、淮镜、桶圈、手炉和脚炉等。清代山阳人阮葵生在其著《茶余客话》中对此叙述颇详，不再赘述。与私营手工业相对稳定、独家零星制作和经营格局形成对比的是，淮安的官营手工业却较为发达。以清江浦造船业为例，经明一代，沿运通、津、临、淮和江南诸地的造船业庶几均集中在此，“明初平江伯陈瑄查闲旷地建盖，厂房鳞次而处，以为造作船所”，计有清江厂、京卫厂、中都厂、直隶厂、卫河厂等五厂，其中“清江厂界山阳、清河二县间”，“京卫厂三十有四，……凡南京各厂皆在此。中都厂十有二，凡凤阳各厂皆在此。直隶厂十有八，凡淮安、大河二卫及归德、徐邳、寿泗、扬州、庐州、滁州各厂皆在此。卫河厂十有八，即山东厂也，……凡山东、天津、通州诸厂皆在此。其凤阳直隶厂，地起黄泥冈至韩信城，凡十五里，在明季地已蹙其半”[2]。船厂既多，规模亦巨。仅清江厂轮班造船工匠就有“六千人”，“岁造五百六十只，靡金逾五万”[3]。据方尚祖在《东河船厅题名记》中所述，造船所需要的木材主要“市之楚蜀，而料物若钉、铁、油、麻种种者，市之秦、晋、汴、汝诸处”。清初政府改弦易辙，对其造船业先后采取了裁撤、复设、旋裁等政策，随着雍正年间工匠劳役制的废除，遂实行“由粮道给各丁银自造”船艘之法。从此，官营造船业寿终正寝。

盐业是明清淮安商业的大宗项目，清代淮北纲盐主要囤聚于淮城北关厢。盐商操控了除本埠盐场以外其他产地的交易，所谓“掣盐场在山阳”大概也即此意。明清两代的两淮盐运使司公署设在扬城，使之成为调度、掌控两淮诸多盐场生产、运输、销售等事项的中枢所在，扬州盐商掌控着庞大的盐业资源。除了两淮盐运使和八大商总之外，还有形形色色的业盐鹾商。其实，随着宋、金南北对峙局面的结束，宋与蒙古在江淮的相持态势已演变成宋元的对抗。宋金对峙期间，苏北成为双方的边界。宋对金的贸易中心在盱眙，金对宋的中心是泗州。双方同意在沿边各设置贸易榷场，双向贸易为时虽有限，但均皆获利。——宋向金输出茶、米、麦、绢、丝麻、书籍、牛、犀、象、香药和水果，金输出盐、丝、绢、绵、药材、羊、豚、马匹等。据《元史·食货志二》记载，元文宗天历年间（1328—1329），两淮产盐达95万余引，占全国的37%，两淮盐课收入占全国的37%，而盐课收入又在元财政收入中占过半比例，至元二十九年（1292），盐课收入占元朝财政收入中钱钞部分的80%左右。元廷十分重现盐业的生产、监管和运销，注重运盐河道的开浚。扬州

[1]
［明］宋祖舜，方尚祖.淮安府志（卷二）.

[2]
［清］（同治）重修山阳县志（卷四）.

[3]
［明］宋祖舜，方尚祖.淮安府志（卷十九）.

在元时就成为盐商的麇集之所。《元史·食货志五》记叙彼时运至扬州东关的盐“俱于城河内停泊，听候通放，不下三四十万引，积叠数多，不能以时发放”。许有壬曾写过一首名为《贾客乐》的诗描述扬盐的富庶：

鼓声震荡冯夷宫，帆腹吞饱江天风。长年望云坐长啸，稳驾万斛凌虚空。主人扬州卖盐叟，重楼丹青照窗牖。斗帐香凝画阁深，红日满江犹病酒……[1]

此外，南北货商业也颇具分量。作为扬州第二大商业种类，缎子街、南矢巷、北矢市、南皮市、北皮市、彩衣街等街巷聚集了众多经销南北货物的店铺；还有虹桥四周通州的雪酒、泰州的枯酒、陈老枯酒、高邮木瓜酒、五加皮酒以及宝应的乔家白酒、绍兴黄酒等一应齐全。故扬州城内的会馆公所如南河下街的湖南会馆、江西会馆、湖北会馆和花园巷的安徽会馆等与上述有着密切的关联（表5）。这些会馆公所也承担着商业身份和角色，如浙绍会馆也经营绸布、湖南会馆经营湘绣、湖北会馆兼营木业、江西会馆兼营瓷器、岭南会馆兼营糖果等。由于南北货商业的蓬勃发展，清代扬州遂出现了称作“会票”的一种“汇兑”的形式，如有客商来扬城交易，其原籍也有扬州客，彼此夹带银两甚为不便，辄以立票汇兑的形式，进一步助力商业的发展。

商贸业的盛衰既取决于交通运输的便利和高效，也受制于外埠客商的聚散，这一点在沿运城镇体现得尤其明显。运河畅通时南北客商纷至沓来，庶几可与江南都会相抗衡；河道淤浅或航线更易时，便纷纷转徙他处，商业旋即凋敝——这是苏北城镇与江南地区建立在自然经济发达基础之上的商镇崛起和兴盛的根本区别之所在。此外，其土著民众对商品需求量和购买力有限，在网点密度、规模、竞争力等各

[1]
[元]许有壬．至正集（卷七）·临江见大船宏丽异甚赋贾客乐．

表 5　清代扬州会馆公所一览

序　列	名　　称	地　　址
1	山陕会馆	东关街 252 号
2	旌德会馆	弥陀巷 1–7 号
3	旌德会馆	埂子街 148 号
4	浙绍会馆	达士巷 54–1 号
5	岭南会馆	新仓巷 4–16 号
6	湖南会馆	南河下街 68 号
7	湖北会馆	南河下街 174 号
8	江西会馆	南河下街 26 号
9	安徽会馆	南河下街花园巷
10	场盐会馆	新大源 62 号
11	四岸公所	丁家湾 118 号
12	盐运公馆	运使公廨 47–51 号
13	盐运使司衙署	国庆路
14	盐宗庙	康山街 20 号
15	翠园	文昌中路 209 号
16	嘉兴会馆	新仓巷 57 号

方面欠乏明显。以淮安清河县为例，“土著者率为小贩，屯聚转输麦菽，无有厚赀重积”[1]。“即为小商，即多称贷。不过上及南、河、光、固（今河南濒临黄河、淮河的州县），下至苏、扬等处贩粮为生涯。其市廛中，不过香、腊、酒、醋等物，借以糊口。”[2]小商贩的经营数额小微、贸易范围有限，荦荦大者咸为外埠雄厚财赀的客商所操持。明万历时流寓扬、淮的徽商麇集于此，“徽郡大姓，如汪、程、江、洪、潘、郑、黄、许诸氏，扬州莫不有之”[3]。清乾隆时淮安“豪商大贾鳞集麇至，侨户寄居者不下数十万”[4]。流寓人口多、土著人户少且多为贫民和小商贩，而前者中豪贾又居众——这种多寡、贫富及人口比例的悬殊差异等，也导致了其商业基础的脆弱和莫大的变数。

苏北流寓人口大约由三部分组成：一是官吏兵丁，督运漕、盐税的官吏，执掌河工、烧造、仓场的僚属以及挖浅、装卸、建坝护堤之劳力等。二是商贾及子弟。如现连云港市灌南县地，徽歙商民、庠生程鹏居然用金购下。隆庆六年（1572），“再购里人之地，立街立市，取名‘新安镇’”[5]。迄至万历年间发展成东西南北广数十里的大镇。徽人集聚于斯除商利之外，还有一个重要的动因，就是将户籍迁来——用今日的话说，就是可以参加当地的“高考”。因为各地“高考”录取的名额是限定的，苏北文教不如徽州，迁此则录取概率可得以提升。不过在侨寓之地拥有田亩、坟茔等须二十年以上者方可入籍。于是出现了万历《歙志·货殖》中“九州四海皆歙客，即寄籍者十之五六”的局面，移民流向也带动了资金流[6]。三是百工技艺之人。扬州盐务鼎盛之际盐官消费奢侈，致使服务性和工技之人依附两淮盐政衙门处，衙门附属有“匠作、结彩、凉篷、联额、作坊、坐船、浴室、桥旗、扑戳、掉桥、厨夫、药匠、钟表、装潢匠等项”，举凡衣食住行各类服侍人员，一应俱全[7]。如奉乾隆弘历旨雕琢的《大禹治水图玉山》，数十名雕工历时十年，雕錾成古代最大的玉雕作品。三类人中除第一类人群相对稳定外，第二、三类人的聚散多以市场为导向，居徙无常，而治运人口的流动性又远高于他处。

三、互动和交流

无论是从农业、手工业、商业经济等生产力发展水平看，还是在城市的发展和思想文化上，宋元时期均臻于历史上的鼎盛时期，这既是中国古代社会的一个大变动时期，又是“中华文明居于世界领先地位的最后时期”[8]。法国汉学家贾克·谢和耐对宋元之际中国社会曾表述了一个大致的印象和判断：“十三世纪的中国，其现代化的程度是令人吃惊的：它独特的货币经济、纸钞、流通票据，高度发展的茶盐企业，对外贸易的重要（丝绸、瓷器），各地出产的专业化等等。国家掌握了许多货物的

[1] ［清］（咸丰）清河县志（卷二）.

[2] （乾隆）清河县志（卷九）.

[3] 陈去病．五石脂［M］．甘兰经，等，校点．南京：江苏古籍出版社，1999：326.

[4] ［清］卫哲治．淮安府志（卷十二）.

[5] ［清］（乾隆）新安镇志·户口.

[6] 王世贞曾指出：“大抵徽歙，人十三在邑，十七在天下，其所蓄聚，则十一在内，十九在外。”（［明］王世贞．弇州山人四部稿.）

[7] 王振忠．明清徽商与淮扬社会变迁［M］．北京：生活·读书·新知三联书店，1996：26.

[8] 中国大百科全书·中国历史（二）［M］．北京：中国大百科全书出版社，1992：1012.

买卖，经由专卖制度和间接税，获得了国库的主要收入。在人民的日常生活方面，艺术、娱乐、制度、工艺技术各方面，中国是当时世界上首屈一指的国家，其自豪足以认为世界其他各地皆为化为之邦。”[1]从对外关系和交流来看，随着经济重心的南移和航海技术的发展，代之以陆路丝绸之路逐渐衰落的沿海对外贸易却日益发展起来，沿海外贸港口凸显。元代北人南渡的规模虽不及晋、宋南渡，但特点却很显著：以往大多是中原汉人徙居两淮和江南，而元代除了北方中原之外，还有大量来自蒙古高原和西域蒙古、色目人以及从海上丝路来的阿拉伯、波斯人等。其中，蒙古贵族依靠色目人从事各种贸易，商业形成高潮。许有壬曾经指出：“（元代）其国人柄用尤多，大贾擅水陆利，天下名城巨邑必居其津要，专其膏腴。”[2]西域回回人多麇集于扬、淮等要津。元代一统为各种交流提供了广阔的空间，复因重视商贸、尊重多民族风俗，出现了《明史·西域传》上所说的“元时回回遍天下”的局面。基于南粮北输的元代海运需经苏北沿海，故江淮人与北方人常年往来于南北之间，促进了商贸往来和文化交流的力度。所谓“转帆春秋入，行舟日夜过。兵民杂居久，一半解吴歌”，大抵就是昔时的写照。诗人张翥“一日粮船到直沽（今天津），吴罂越布满街衢。新诗将得如千首，为问郯郎有买无”[3]的诗句，描写了南北各地之间商业贸易的发展状况。

众多阿拉伯人、波斯人、中亚人随蒙古军进入各地后，在长期汉文化的影响下除保持伊斯兰教及相关的习俗外，基本接受了汉文化的生活方式，逐渐形成了中国历史上的回族。回回人呈“大分散，小集中”居住状，遍布全国城镇，并相对集中在清真寺四周。扬州清真寺始建于宋代，据明圣仪编著的嘉靖《维扬志·杂志》记载，“礼拜寺在府东太平桥北，宋德祐元年，西域补好丁（即普哈丁）游方至此创建”。该墓今在解放桥南堍，当地穆斯林称为“回回堂”。墓区除普哈丁墓外，还有宋代撒敢达等阿拉伯人的墓。

唐时与中国来往密切者当数东面的新罗（今朝鲜、韩国）。新罗入唐的线路之一是沿山东、苏北海岸南下，至楚州（今淮安市属）涟水县入淮河，上溯至楚洲，复转道运河或西行汴（今开封）、洛（今洛阳），或南下扬州，彼时新罗人以从事海上商贸者居多，经常装载薪炭至楚、扬一带贩卖，因此，此条水路沿途新罗移民不少。又因其多通晓日、汉语，故也在华从事日、唐间交往的翻译和向导。日本来唐的北、中、南三条交通线路中，中路是自海西行至长江口及苏北沿海登陆，入扬、楚州，借道运河（山阳渎、汴水）行至汴、洛和长安。8世纪后，来华线路多集中于明州（今宁波）港，从明州转道江南河、里运河等至长安。中国与南亚、波斯湾地区

[1]
〔法〕贾克·谢和耐．南宋社会生活史·序［M］．马德程，译．台北：中国文化大学出版社，1982：5.

[2]
［元］许有壬．至正集（卷五三）·西域使者哈只哈心碑．

[3]
四部丛刊续编集部·张蜕庵集（卷五）·读瀛海喜其绝句清远因口号数诗示九成皆实意也．

的通商在8世纪已颇具规模，“蕃国岁来互市，奇珠玳瑁，异香文犀，皆浮海舶以来”[1]。西亚商船以广州湾为据点，线路大约是溯浈水（北江）、越大庾岭，沿赣江北抵洪州（今南昌），复一分为二，或出彭蠡湖（今鄱阳湖）顺江下扬州，从扬州沿山阳渎、汴水至洛阳、长安。部分货物也在扬城装船转销日本、新罗诸国，鉴真去日线路大抵也是如此[2]。基于其便利的交通区位，逐渐成为海外贸易的集散地，一些大食、波斯商贾遂在此寄迹设店、坐市买卖[3]。北宋与海外交往以开封为中心，呈放射状向四面八方散布。比如由汴河、真楚运河（仪征至淮安）和江南河下至两浙路沿海如浏河、青龙、明州等诸港，与日本、高丽交通。沈括在《重修平山堂记》中也指出：“扬州常节制淮南十一郡之地，自淮南之西，大江之东，南至五岭、蜀汉，十一路百州迁徙贸易之人，往还皆出其下，舟车南北日夜灌输京师者，居天下之七。”宋代往海外输出的物品既有丝织品，也有瓷器。销往日本列岛的除了上述物品之外，还有锦、绫、茶叶、文具等，换回东瀛的沙金、硫磺、水银、绢布、扇子、屏风、刀剑……与高丽间也颇繁忙，高丽船艘频繁地将宋缎、漆器、衣带、茶叶、铜钱等运至本国，带来金银、铜器、绫罗、良马等。

运河不仅是中外经济贸易交往的重要津梁，也为文化交流提供了条件。据《东斋纪事》载：“天圣中（1023—1031）新罗人来朝贡，因往国子监市书。”高丽统一朝鲜后，来华遣使每次都从中国搜求书籍，宋廷也多次向使臣赐予中国典籍。民间商贾窥其商机，常于两浙路私刻、印经籍，运至高丽出售。苏轼还曾于元祐年间（1086—1094）上疏《论高丽买书利害札子》。此时宋、日间的文化交流主要在于佛教徒的互访，日僧入宋多参拜天台的天台寺、五台山等。他们大多假道运河穿梭南北。也有部分异国他乡者羁留境内，给唐宋社会的经济、政治和文化等各方面带来影响，使古代中国文化的交流日益扩大。

清代扬州、泰州、如皋、高邮、淮安、东台等城市经济兴盛，文化繁荣，在学术、诗文、绘画、戏曲、园林、建筑诸领域博采南北之长，麇集了各地的工商业人士、山人墨客和官臣缙绅，互相交流，为城市社会和文化增添了活力和生机，所谓“海内文章，半集维扬”便是彼时芜城的缩影之一。清代李斗用“工商业者”一词概括富商和普通业商者——他们热衷于举办各种文化类活动，与士夫和文士互动频繁。文会燕集是其结合的一种常见方式，“虹桥修禊”就是其中的一大盛事。城中的虹桥（红桥）桥桩四层，围以红栏，南北跨越保障湖（瘦西湖）。修禊，原系古人为消弭不祥之祭。虹桥修禊也即修禊于虹桥。清顺治间扬城推官王士祯在此举行的修禊名动华夏。据载，王于“壬寅春与

[1]
全唐文（卷六百三十九）· 李翱.

[2]
鉴真和尚至日本均在扬州“造舟、买香药，备办百物……发自崇福寺，至扬州新河，乘舟下至通州界（狼）山”（见《唐大和尚东征传》）。

[3]
［清］李斗. 扬州画舫录［M］. 汪北平，涂雨公，点校. 北京：中华书局，1960：220 — 221.

杜濬、张养重、邱象随、陈允衡、陈维崧修禊虹桥。公作浣溪纱三阕，为《虹桥唱和集》。……甲辰（康熙三年，1664）春复同林古度、杜濬、张纲孙、（孙）枝蔚、程邃、孙默、许承宣、承家赋《冶春》诗，此皆公修禊事也”[1]。参加修禊之人既有学界宿儒，也不乏贫寒如林古度类的文人。

如果说王氏的“虹桥修禊”还仅限于“诸名士”之间的话，那么乾隆间两淮都转运使任上的卢见曾发起的“虹桥修禊”参与者的范围便大大地扩大了，“其时和修禊韵者七千余人，编次得三百余卷”[2]，包括与工商业界关系密切的郑燮、李葂、高凤翰等人——可见此类文会在内容和形式上似已迈越了诗文的范畴，俨然而为一种文化景观。如若上溯至清初，情形便有所不同——虽然“金陵八家”之首的龚贤客居芜城时也与徽商交相过从，然经数代的努力，部分徽商俨然已为在地名门，后代子嗣也绝非等闲之辈——多是文化素养较高、对诗画和学术等葆有雅兴的儒贾，抑或当朝官宦，以至明末寓居苏州嘉定县南翔（今属上海嘉定区）的徽人李流芳（长蘅）画荒柳的方法和技巧，一度使年轻的龚贤颇为倾慕[3]。看来，在遗民情感中养成的共同趣味和爱好当是其走近徽商、融入扬州遗民文化圈的重要原因。现藏于美国克里夫兰博物馆、由龚贤和程师惠、吴珹、萧晨、渐江、吕潜、俞衷言、江远、祝昌、俞衷一、吴善合作的册页及其《山水图轴》似乎也隐约证实了此点：众人合作的册页或书、画共计12页，系为寓扬歙人汪中符先生60大寿而作。是图约作于1650年前后，为龚贤应新安吴晋明的要求补题赠予。从跋中看，此图系作者旧藏[4]。

龚贤晚年至金陵后还与吴氏家族保持联系，与梅清合绘《梅庄图》赠予吴家——吴不酋是其作品的重要资助人、收藏者和传播者之一。此外，他与许氏交谊亦匪浅表——1680年赠《溪山无尽图》与许恒龄、1682年赠《江村图》与许颐民……虽然清初遗民们已不复顽强地拒绝日益受政治、商业因素主导和影响的社会现实，而是选择默默地接受新社会秩序和相应文化氛围的变易。然就本质上，龚贤和扬州士绅、徽商们的交谊并非为了周济，而是着力于生存和为艺术寻找新的发展空间和语汇。换言之，龚氏类很少是着眼于金钱而创作的，更多的是运用书画来酬答部分知己的社会交往，并借此换取包括生活佐助在内的诸种服务或照顾——这应是同稍后扬州画家的根本区别之所在。

稍后《儒林外史》的作者吴敬梓亦大致无二。生活于康雍乾三朝的吴氏为安徽全椒人，对近邻江宁、扬州情有独钟并终于扬。和郑燮、高凤翰等画家一样，吴也不乏官绅富贾之友朋襄助，如两淮盐运使卢见曾、盐商程梦星、程晋芳等，并于乾隆元年（1736）

[1]
[清]李斗．扬州画舫录[M]．汪北平，涂雨公，点校．北京：中华书局，1960：220—221.

[2]
[清]李斗．扬州画舫录[M]．汪北平，涂雨公，点校．北京：中华书局，1960：229.

[3]
[清]龚贤《江村荒柳图跋》曰：“李长蘅善画柳，然世不多见，余从新安吴氏借观之，睡卧其下者累日，今已三十年矣。顷和次萧君以此缣命笔。余知和次收藏古籍甚夥，实难以应，因临昔时檀园柳，为写其柔条疏干，觉别有风致，是我仍用我法也。纪此一笑。龚贤。”

[4]
龚贤于庚戌（1670）秋补跋《山水图轴》曰：“画家董巨实开南宗，既无刚根（？）之气，复无刻画之迹。后之作者，或以才见，或以法称，唯董巨则几乎道矣。然口才则离法，离法则叛道，至道无可道，议者谓即敛才就法之谓道，问之董巨，而董巨不知，当乎微矣。此幅余二十年前旧作，藏之新安吴氏，吴君晋明宝此若家珍，后携至金陵，命余题识。余因与晋明论画及此，并记之，非敢曰此效法董巨而得焉者也。庚戌冬杪，半亩居人龚贤。”

同郑、李等共同参与了题赠《奉题雅雨山人出塞图》赋诗及送行（时卢见曾负谤获罪谴戍台）。是图由高凤翰等绘，题赠者尚有马曰琯、程梦星、李葂、江昱、杨开鼎、闵廷荣、王藻、周榘等。然吴虽为卢府幕宾，内里却并不愿意或不屑主动与盐商深度往还；虽与郑等相识，然并未相知，境遇亦霄壤——郑交游甚泛，诗人、画家、词客外，举凡王侯、官绅、画家、富贾、布衣、和尚、道士、歌童、风尘女子，等等。尤其乾隆十九年（1754）前后十余年，其诗书画如日中天，创作、应酬繁冗。据《板桥自叙》云："又以余闲作为兰竹，凡王公大人、卿士大夫、骚人词伯、山中老僧、黄冠炼客，得其一片纸、只字书，皆珍惜藏庋。"[1]反观吴敬梓，既有于世弗用之念，复感尘世冷暖不定之闷，感叹"丈夫抱经术，进退触藩羝。于世既不用，穷饿乃其宜"，冷遇交加贫病，于该年12月12日客死于扬州。梳其蹈迹心旌，一无郑之经济意识，二阙郑的寰转进退之功——一味厌恶盐商类"牢盆牟国利，质库朘民脂；高楼明月中，笙歌如沸糜"的骄淫生活。在《儒林外史》中复假季苇萧之口"穿入隐微"地将盐商视作"资性蠢愚，心术卑鄙，货利声色之外不知其他"的鄙夷对象，讥讽其"六精"[2]。在十二回《名士大宴莺脰湖

侠客虚设人头会》中所撰二娄邀集众名士雅聚，面目光鲜，实质无聊：与会的九人或科场落第，或行骗为生，然均以"高人"身份，抑或自诩风流倜傥[3]。如此刻画在扬州交集之窘可想而知——实际上吴及《儒林外史》赖吴、程周济亦匪浅，爰其殁后也系二位解囊助力，然吴心旌中的"以道自尊"在清代扬州已然消遁。至于郑燮，

则绝无可能不分青白、不留余地地将盐商“一网打尽”，他心中至为澄澈：依附盐商虽非本意，然众商俨然为不可或缺的“衣食父母”——一如他为商贾画兰后所题：“写来兰叶并无花，写出花枝没叶遮。我辈何能构全局，也须合拢作生涯。”[4]这种面对现实、有所妥协或欠乏责任使命感的“寰转”，恰为吴所不屑。

一如上述同王氏在虹桥举办修禊活动不同的是，嗣后的诗文之会大多在私家园舍中举办，主事者由士人易为商贾。而早期参加虹桥修禊之人大多具有一定的社会地位，经济也较富庶。然参加私人诗文会者虽不乏一定地位，但更多的是经济较拮据的如高翔、金农、罗聘等人，参加让圃“韩江雅集”的高翔、方士庶，以及“闻竹韵学诗，骎骎大成”的陈章，“精别宋椠元版，寄业书贾”的钱苍佩，“以鬻碑版为业”的褚竣等[5]，且规模有限。诗文之会以马氏小玲珑山馆、程氏篠园及郑氏休园为最盛。以马曰琯、马曰璐和江春等为代表的贾儒扮演了文化活动召集人和赞助人的身份。依杭世骏的说法，就是

[1]
郑板桥集［M］. 上海：上海古籍出版社，1962：176.

[2]
“六精”为坐轿的债精、抬轿的牛精、跟轿的屁精、看门的谎精、家藏的妖精、头戴的方“巾”。

[3]
［清］吴敬梓. 儒林外史·第十二回［M］. 北京：九州出版社，2001：87 — 94.

[4]
郑板桥集［M］. 上海：上海古籍出版社，1962：220.

[5]
［清］李斗. 扬州画舫录［M］. 汪北平，涂雨公，点校. 北京：中华书局，1960：81 — 106.

“方闻有道之士，过邗沟者，以不踏其户限为阙事”。其中宁波全祖望、吴兴（今湖州）姚世钰、钱塘（今杭州）厉鹗、陈章“皆天下士也”[1]。二马等举办的诗文之会具有城市社会中文人寄生的性质。这不仅表现为如扬州画派们的生活维持一部分来自卖字鬻画的润笔，一部分就是寄食于诗文之会，甚至部分文士的生死婚丧都受惠于赞助者[2]。商贾们热心文化事业、扶植文士，既有向文之意，亦不乏附庸风雅之图[3]。商贾赞助文化艺术事业的“豪举”自然吸引了纷至沓来的士夫墨客，“扬州八怪”就是其中艺术个性鲜明、风格迥异的画家群代表。包括郑燮、汪士慎、金农、黄慎、高翔、李鱓、李方膺、罗聘、华嵒、闵贞、高凤翰、李葂、杨法、陈撰、边寿民等约十五位。众人中仅郑燮、李鳝（兴化）、高翔（甘泉，今扬州）、边寿民（淮安）、李方膺（今南通）为苏北人外，余皆外籍。均因长期生活在此，抑或宦途失意，被贬遭黜。或功名不就，一生布衣，或出身贫寒，鬻画谋生。

与书画须贴近市场之需一样，戏曲表演同样要适应工商界和广大市民的口味，与商贾们的思想观念、喜悲忧乐和希冀、追求相联系，如此，代表世俗、市民审美趣味的戏曲与传统礼制和专制文化产生了裂隙，导致统治者对戏曲的干涉[4]。“商路即戏路。”基于富甲天下的盐商麇集扬城，各地的戏曲艺人纷纷流向扬州进行演出，成为与京师齐名的戏曲演出中心城市。康乾时期昆曲表演风靡扬城，瘦西湖上游弋的画舫中常有一些营业性质的歌船演唱昆曲，“每一市会，争相斗曲，以画舫停篙就听者多少为胜负。多以熙春台、关帝庙为清唱之地”[5]。为迎接乾隆南巡，两淮盐政官员和商贾极力延聘各地戏班和名角来演出。数次南巡进一步促进了扬州戏曲的繁盛和艺术水平的提高。迨迎驾时节，沿途有戏船演戏迎銮，城内堂戏、台戏不断。当时扬州拥有不少职业戏班，部分商演还可以获得可观的收入。除扬州城外，府属泰州、泰兴、兴化、如皋、江都等地绅商均有蓄养家班之习。如泰州俞锦泉的家班共百余人，建“舫亭”、“流香阁”专供演艺，还常去扬州、兴化等地演出。孔尚任曾诗咏其家班曰：“俞君声伎甲江南，粉白黛绿不知数。”[6] 苏北戏曲家班绵延数代、影响较大者，如皋冒氏为重要一支。冒家班创始于冒梦龄，盛于其孙冒襄，延续于玄孙冒专若，从明天启到清康雍间跨越两代百余年。天启五年（1625），梦龄在家贺60大寿，家班表演《琵琶记·汤药·剪发》“累月不倦”。冒襄（1611—1693）少负才名，屡试不第，明末清初时交游甚广，颇具声望。家班在其交友唱酬中发挥了重要的作用。入清后，他隐居不仕，致力于戏曲活动，广结文人墨客。他说：“家生十余童子，亲教歌曲成班，

[1]
［清］杭世骏．封太恭人马母陈氏墓志铭 // 道古堂集（卷四十六）．

[2]
如吴兴人姚世钰“客死扬州，马氏为之经纪其丧，刻其《莲花庄集》”；还有参加“韩江雅集”的邵泰，“年长未婚，马氏为之择配完家”（［清］李斗．扬州画舫录［M］．汪北平，徐雨公，点校．北京：中华书局，1960：81 — 106.）。

[3]
《扬州八家史料》特载牛应之《雨窗消意录》中一则轶闻，颇有意味：“钱塘金寿门农客扬州，诸鹾商慕其名，竞相延致。一日，有某商宴客于平山堂，金首坐。席间以古人诗句飞红为觞政，次至某商，苦思未得，众客将议罚，商曰：得之矣！‘柳絮飞来片片红’。一座哗然，笑其杜撰。金独曰：此元人咏平山堂诗也，引用綦切。众请其全篇，金诵之曰：‘廿四桥边廿四风，凭栏犹忆旧江东，夕阳返照桃花渡，柳絮飞来片片红’。众皆服其博洽，其实乃金口占此诗，为某商解围耳。商大喜，越日以千金馈之。”

[4]
弘历曾谕旨曰：“因思演戏曲本内，亦未必无违碍之处，……此等剧本，大约聚于苏、扬等处，著传谕伊龄阿、全德，留心查察，有应删改及抽撤者，务为斟酌妥办。”据《扬州画舫录》载，被审查的曲剧书目多达一千种以上。

[5]
［清］李斗．扬州画舫录［M］．汪北平，涂雨公，点校．北京：中华书局，1960：254.

[6]
汪蔚林．孔尚任诗文集［M］．北京：中华书局，1962：40.

供人剧饮，岁可得一二百金，谋食款客。”[1]一时冒氏水绘园宾客盈门，每有宾客，必于园内设宴张乐，侑酒佐欢。

四、文化、艺术和科技

曾是历史上重要战场的苏北不仅造就了波诡云谲的历史进程，而且持续并深刻地浸润在生活传统和文明建构的历程之中。中国象棋中“楚河汉界”的图式分明传递了战争文化的余韵流音，争夺天下的宿迁人项羽和沛县人刘邦龙虎纷争，演绎着惊心动魄的双雄绝会——两汉文化不啻为徐州最重要的历史记忆：众多汉楚王陵墓葬群依山而构，凿洞而藏，既体现了汉代建筑的伟大成就，也反映了中国建筑曾经试图向空中拓展的努力和尝试；与临潼秦始皇兵马俑的大、真、多形成对比的徐州狮子山西汉兵马俑造型中的精小、质朴、粗犷，追求自然的写意，两者同咸阳杨家湾西汉兵马俑一道，见证了公元初俑殉的方式；从秦俑的“以塑为主，模塑结合”，到汉俑的“以模为主，模塑结合”，其兴替不仅止于工艺、施绘的差异，也不仅仅由秦的骄奢和迷信的性格特点转捩刘汉的黄老刑名道家的思想，无为而治与民休息的治国策略——西汉兵马俑彰显了楚汉文化交融的浪漫的艺术魅力，和鲜明的时代特征。

悠久而灿烂的苏北文化历史中，不仅诞生了高唱大风歌的刘邦，而且还有“兴汉三杰”淮安人韩信、开汉代一代文风的辞赋家枚乘、枚皋父子，以及刘宋时涉及政治、经济、思想、文化、宗教、风尚、习俗等众多方面的《世说新语》，刘义庆开后世笔记小说的先声，还有谱写“一江春水向东流”的徐州人氏李煜，这位南唐后主的《虞美人》既出，词藻之丽自不待言，比谁愁？能愁过“亡国恨”？抑或“一江春水”？即便乃父、填词高手南唐中主李璟也不得让一头地，如《摊破浣溪沙》：“菡萏香销翠叶残，西风愁起绿波间。还与韶光共憔悴，不堪看。细雨梦回鸡塞远，小楼吹彻玉笙寒。多少泪珠无限恨，倚阑干。”虽然王国维赞其“大有‘众芳芜秽’、‘美人迟暮’之感”。但论及愁，唯李煜独步词坛，千古不移。

此前的唐代，庶几一流的诗人均于扬州留下了足迹，孟浩然、骆宾王、王昌龄、李白、高适、杜甫、刘禹锡、李绅、白居易、王建、杜牧、刘长卿、张祜、张若虚、徐凝等名动华夏的士夫山人徜徉于此，踏访赏析，孕育了光芒万丈的唐章诗翰之峰巅：在杜牧的视野中，牙城和罗城是“街垂千步柳，霞映两重城”（《扬州三首》），李绅的夜色景观则是“夜桥灯火连星汉，水郭帆樯近斗牛”（《宿扬州》），以及徐凝的“天下三分明月夜，二分无赖是扬州”（《忆扬州》），等等，不一而足。以至于张祜在诗中表示“人生只合扬州老，禅智山光好墓

[1]

［清］冒襄．同人集（卷三）//四库全书存目丛书·集部（第385册）［M］．济南：齐鲁书社，1997：117.

田”（《游淮南》）。邑人张若虚，更以孤篇《春江花月夜》一首力压半唐诗坛。他同辛夷的三度重逢，生而忘死，死而复生，由此发出“江畔何人初见月？江畔何年初照人？人生代代无穷已，江月年年只相似。不知江月待何人，但见长江送流水”的深切感慨！终宋一代，欧阳修、王安石、梅尧臣、苏轼、沈括、晏殊、范仲淹、秦观、姜夔、范成大、杨万里等先后流连于斯，诗翰词章无数。推官滕子京在海陵（今泰州）城南构文会堂，好友范仲淹任职于东台西溪，过从甚密。范仲淹五言诗《书海陵滕从事文会堂》中的“君子不独乐，我朋来远方”不啻为滕之邀挥笔书就《岳阳楼记》中先忧后乐这一光辉思想的先声机杼，传播久远，成为中华民族重要的人生观和价值标尺。

宋代江淮地区文化兴盛，人文荟萃，学校教育初彰，遍布诸州县。邑人胡瑗（993—1059）的“苏湖教法”不仅示范于彼时，且垂法于后世。胡前后执教二十多年，集教育理论、教育实践和教育改革于一身，开宋代理学先河，是历史上第一位提出思想自由和学术自由的教育家。他还是宋初最有代表性的从儒家义理方面解《易》的人物。解《易》之书除了义理派外，还有象数派。通常认为，宋代象数易学为陈抟所创，后以彭城人刘牧为代表。刘先提“太极”概念，率先申明“太极一气”，而分两仪，进而生成四象八卦，堪称宋代道学的光驱[1]。遥接胡氏教育伟业者，当属近代南通张謇，他在文化、艺术和教育领域创造了诸多纪录。如：清光绪二十八年（1902），创办通州师范学校，翌年正式开学，礼聘王国维授课，此为我国最早的师范学校；一生创办了百余所学校，包括复旦公学、医学专门学校（今扬州大学）、纺织专门学校（今南通大学）、江苏省立水产学校（今上海海洋大学），在其支持下，同济医工学堂（今同济大学）在吴淞复校，第一所刺绣学校（沈寿主持）、第一所戏剧学校（欧阳予倩主持）、第一所盲哑学校和第一所气象站、更俗剧场等。张氏视人才教育为重要的智力支持和资源，又于清光绪三十一年（1905）创建最早的博物馆——南通博物苑。该苑的创建是晚清苏北、江苏乃至中国文化和博物馆事业发展中的一大重要事件。苑分东、西、南、北、中等五馆，按园林布局，布置山石、荷池和亭榭，绿荫盎然。展品征集得到了赵尔巽、端方、刘世珩、沈云沛、沈尹默、黄炎培、欧阳予倩等名流的响应和捐赠。

宋代多种文学体裁发展明显，广陵潘阆、孙洙，高邮秦观、如皋王观等苏北词人的艺术成就独特。秦观文辞为苏轼所赏识，与黄庭坚、张耒、晁补之合称“苏门四学士”，为北宋婉约派代表词人，其词以情辞兼胜在词史上脱颖而出。宋诗中广陵徐铉、淮安徐积、彭城陈师道、张耒、江都李易、怀仁（今赣榆）胡松年等咸为一时俊彦。苏轼知徐州时一时蔚为文坛中心之一，秦观、陈师道、张耒等与之唱酬。

[1]
郭彧．北宋两刘牧再考［J］．周易研究，2006（1）．

泰州市海陵区府前路学政试院东辕门和东吹鼓亭

其中，陈师道工五言诗，风格朴拙隽永、简单无华；张耒诗风、选材与唐代新乐府诗相近，诗风晓畅，真醇自然。

明清苏北地区的古典小说创作令人瞩目，施耐庵的《水浒传》、吴承恩的《西游记》和《镜花缘》是这一时期的不朽之作。兴化白驹（今盐城大丰市白驹镇）人施耐庵（1296—1370），名子安，字彦端、肇端，少年聪慧，29岁中举人，36岁中进士，与同榜进士刘基相识。曾任山东郓城县训导，并“官钱塘二载”，后因不满官场腐朽，辞官返里，开馆授徒。其间曾收一商人之子罗贯中（《三国演义》作者）为徒，同时着手撰写《江湖豪客传》（后易名《水浒传》）。朱明之初，刘基向朱元璋举荐施氏，但其坚辞不就，于洪武三年（1370）客死于淮安。《水浒传》是中国历史上第一部描写农民起义的长篇章回小说。作者以生动形象的笔墨，叙述了北宋末年以宋江为首的梁山农民起义，自酝酿、发生、形成、壮大至失败的过程，揭露了社会的黑暗、官吏的腐朽，刻画了林冲、武松、鲁智深等英雄被逼上“梁山”的经过。小说热情地歌颂了梁山好汉们的反抗精神，着力体现了市民阶层对英雄侠义之举的向往，成为英雄传奇小说的典范。施耐庵在小说中塑造的一批人物个性鲜明，具生活气息。全书结构完整，富于变化，前七十回写梁山事业由小而大，七十一回后则写义军走向招安的过程，有开端、发展、高潮和结局。小说用纯熟的古代白话文写就，语言洗练明快，准确通络，不同的人物说不同的话，即便同一人物在不同环境中也有不同的语言表述，使之达到了较高的艺术成就。由于《水浒传》的巨大影响和感染力，使其成为后世许多农民起义领袖武装反暴的教科书，作者因之名声大噪，书稿被广为传抄、刊刻，统治者将其视为“倡乱之书”而查禁。

约300年后，山阳（今属淮安市）诞生了一位杰出的小说家——吴承恩（1510—1582）。与施少年聪慧一样，吴自幼即“以文鸣于淮”，“性敏多慧，为诗文，下笔立成”[1]。不过他没有施氏般少年遂意，而是屡试不第，迄43岁才补为贡生。明嘉靖四十五年（1566）任长兴县丞，“未久，耻折腰，遂拂袖而归，放浪诗酒”[2]，贫病而终。吴氏自幼喜读野言稗史，熟稔古代神话和民间传说。在其志怪小说《禹鼎志》的序说道：“余年幼即好奇闻。在童子社学时，每偷市野言稗史，惧为父师呵夺，私求隐处读之。比长，好益甚，闻益奇。迫于既壮，旁求曲致，几贮满胸中矣。”[3]通过志怪小说的创作表达了对社会的不满和愤懑，“虽然吾书名为志怪，盖不专明鬼，时纪人间变异，亦微有鉴戒寓焉”。小说《西游记》不仅是吴氏的一部力作，而且也是明代神魔小说的代表作，其思想性、艺术性均臻于一流。全书共一百回，系在唐代高僧玄奘前往印度取经的真实历史故事和民间传说、活本和戏曲等基础上创作而成。

[1]
［清］阮葵生.茶余客话（卷二十一）·吴承恩西游记［M］.李保民，校点.上海：上海古籍出版社，2012：525.

[2]
［明］（天启）淮安府志（卷一六）·人物志·吴承恩传.

[3]
［明］吴承恩.吴承恩诗文集笺校［M］.刘修业，辑校.刘怀玉，笺校.上海：上海古籍出版社，1991：125.

小说叙述了唐僧师徒 4 人历尽 14 个寒暑、81 次劫难，最终到达西天取回真经的经过。全书以神魔为主要描写对象，想象丰富，夸张大胆，叙事幽默而风趣，创造了既神奇又瑰丽无比的一个神话世界，塑造了孙悟空、猪八戒等生动的神话艺术形象，充满浪漫主义的色彩，成为中国古代浪漫主义长篇小说的高峰。小说以神话英雄孙悟空为中心展开，歌颂了其藐视权威、勇于叛逆的反抗精神；全书以寻找和追求、斩妖和降魔为两大主题，巧妙地将两者结合起来，警示人们追求美好理想和目标的艰辛以及唯有战胜困难和挫折，方能抵达胜利的彼岸和圆满的结局，实现远大的抱负。受时代的局限，“因果报应”思想浓郁，弥漫着较为浓厚的宗教迷信色彩。

《镜花缘》一书的作者李汝珍长期生活在海州盐场板浦场（今连云港市灌云县板铺镇）并成书于斯。该书前后历时约 20 年时间，于清嘉庆二十三年（1818）正式付梓。该书赞扬了女子才华，表现出尊重妇女地位的民主思想，是一部优秀的浪漫主义古典长篇小说，被胡适评列为中国古典优秀小说的第四位[1]。

清代苏北文坛在诗歌、小说、评论等方面得到进一步的发展。明末清初泰州东淘盐场（今东台市安丰镇）人吴嘉纪年轻时曾目睹清军屠杀民众，遂绝意仕进。他擅长乐府古诗，近体诗亦佳。其作多深刻反映江淮盐民的苦难生活，语言简朴通俗，不事藻饰，直抒胸臆，享有“盐民诗人”之称。如描写灶户复日煎盐生活的《绝句》曰：“白头灶户低草房，六月煎盐烈火旁。走出门前炎日里，偷闲一刻是乘凉。”[2] 其他《破产》、《临场歌》、《海潮叹》、《流民船》、《税完》等，以真实而深刻的内容与高度的艺术概括相结合，使其成为清初重要的遗民诗人之一。晚清谴责小说异军突起，盛行一时。名列谴责小说四大家之一的刘鹗（1857—1909），长居淮安，一生游历沪、豫、鲁，擅长实业、金石和小说创作。代表作《老残游记》共20回，描写了一个被人称作老残的江湖医生铁英在游历中的所见和所为，叙述了清末山东一带社会生活的面貌。小说在语言运用方面成就独特，写景色彩鲜明，小说将腐朽清国比作一艘漂浮在海上行将被风浪所吞没的破帆败船。

相近的生活经历和社会体验，使清代扬州画家集群的趣味相投、画风较为相近。因为都是鬻画卖字者，又鲜少正脉师资可鉴可绍，变革和创新遂为其圭臬；而在商业气浓郁的扬州欲打开市场——须使书画尽力适应买家的口味和需要，适于商贾和市民的眼光和审美要求——实际上也意味着不能一味泥古，必须巧妙地与商贾的文化消费心理符合若契。如金农就曾在居处壁上书题“隶书三折波偃，墨竹一枝风斜，童子入市易米，姓名又落谁家”[3]。以画梅、写梅著称的李方膺，辄道出了银货两

[1]
胡适于1916年负笈哥伦比亚大学时曾对中西方的小说进行过比较，认为7部中国古典小说“可以不朽”，依序如下：《水浒传》、《儒林外史》、《石头记》、《镜花缘》、《西游记》、《七侠五义》、《儿女英雄传》。学人以为此通写给族叔胡近仁有关中西方小说的长篇信札，或是名动天下《文学改良刍议》雄文的蓝本。其中，苏北占三部。

[2]
［清］吴嘉纪．吴嘉纪诗笺校［M］．杨积庆，笺校．上海：上海古籍出版社，1980：10.

[3]
顾麟文．扬州八家史料·金农［M］．上海：上海人民美术出版社，1962：36.

讫交易的特点："元章炊断古今夸，天道如弓到画家，我是无田常乞米，借园终日卖梅花。"[1]还有郑燮，则干脆将书画当商品，并列润格："大幅六两，中幅四两，小幅二两，书条对联一两，扇子斗方五钱。"同时声明："凡送礼物食物，总不如白银为妙。"也许是30岁时卖书葬父、远走海陵、镇江避债等厄难难以抹去的深刻烙印，使其以拥有现金白银为上的观念执著——他坦然地表白："送现银则中心喜乐，书画皆佳，礼物既属纠缠，赊欠尤为赖账。"[2]扬州画派的诸位大都是仕途或功名的失败者，心旌中裹藏着一股"与世长左"的戾气。这股"戾气"呈现在作品中虽不乏远俗不羁的气息，抑或一定的创新之长。但当书画仅仅作为谋生的一种手段时，实在也不是股味道。郑曾就士夫的表里不一时说道："写字作画是雅事，亦是俗事。大丈夫不能立功天地，字养生民，而以区区笔墨供人玩好，非俗事而何？东坡居士刻刻以天地万物为心，以其余闲作为枯木竹石，不害也。若王摩诘、赵子昂辈，不过唐宋间两画师耳，试看其平生诗文，可曾一句道着民间痛痒？设以房、杜、姚、宋在前，韩、范、富、欧阳在后，而以二子厕乎其间，吾不知其居何等而立何地矣！门馆才情，游客伎俩，只合剪树枝、造亭榭、辨古玩、斗茗茶，为扫除小吏作头目而已，何足数哉？何足数哉？愚兄少而无业，长而无成，老而穷窘，不得已亦借此笔墨为糊口觅食之资，其实可羞可贱。愿吾弟发愤自雄，勿蹈乃兄故辙也。古人云：'诸葛君，真名士。''名士'二字是诸葛才当受得起。近日写字作画，满街都是名士，岂不令诸葛怀羞、高人齿冷？"[3]

扬州画派成熟的康乾时期正是娄东（今太仓）、虞山（今常熟）、毗陵（今常州）三家风行海内之际，因清初六大家（四王吴恽）和四僧相继故去，故效娄东派的黄鼎、方士庶等，绍虞山派的杨晋、李世倬等，以及师毗陵恽寿平的马元驭、蒋廷锡等人风尚劲健——三家被清廷视为“山水正脉”、“写生正派”而推崇有加，风起景从。不过多为其师法所囿，陈陈相因，难现自家手眼。扬州画派的题材多作梅兰竹菊，画风以水墨写意为主，狂放怪诞，独抒性灵，个性和创新精神凸显。他们多系弘扬石涛画派而来，故又有“石涛开扬州画派”之说。画派中不乏重视写生、形象刻画生动的华喦，画坛逸品的金农，诗、书、画合于一局，格调拙厚淳朴，以及笔墨、落幅、意境气象一新的郑燮等。郑氏书画近似其诗，清新洒脱但鲜少用典。如《潍县署中画竹呈年伯包大中丞括》的“衙斋卧听萧萧竹，疑是民间疾苦声。些小吾曹州县吏，一枝一叶总关情”。《竹石》的“咬定青山不放松，立根原在破岩中；千磨万击还坚劲，任尔东西南北风”等。事实上鲜少用典与其读书应试观是一脉相承的——他反对死读书、读死书，告诫切勿“为古人所束缚”，若所有史书“句句都读，

[1]
曹惠民，陈伉．扬州八怪全书（一）·郑板桥李方膺诗文书画合集［M］．北京：中国言实出版社，2007：442.

[2]
顾麟文．扬州八家史料·郑燮［M］．上海：上海人民美术出版社，1962：118.

[3]
［清］郑燮．郑板桥全集·潍县署中与舍弟第五书［M］．北京：中国书店，1985：36 — 37.

便是呆子”，而所有诗人，“家家都学，便是蠢材”。他的主张是“学一半，撇一半，未尝全学；非不欲全，亦不必全也”。差可视为其“投机性”和灵活性的映射，这种既非“呆子”、更非“蠢材”式的治学挪作处世，自然规避了腐儒的困厄；然视读书为“救贫之策”的“不折本的买卖”，却难掩实用主义的“格局”！相较于名声稍次的闽籍画家华喦，其作虽较少郑的现实性，也无在竹叶萧萧中映现“民间疾苦声”，然在情趣和多样性上，其画独具特色。往来于钱塘和淮扬两城，赓续两宋及明代的写实精雅之韵，擅长在自然中把握真切的景象，不同花草的偃仰、正侧、荣枯、沐雨临风或挹露映日，描绘均皆生动精致；各类虫鸟的嬉争、鸣宿、独栖等姿态千变万化，刻画栩栩如生，如在目前[1]。华作枯笔干墨淡彩不一，敷色鲜而不腻，画格明丽骀宕。其守拙安贫之禀性，成就了他多方面尤其是花鸟画的成就，是为小写意花鸟画的代表。

清代扬州戏曲与书画大致无二。据载：“两淮盐务例蓄花、雅两部，以备大戏。雅部即昆山腔，花部为京腔、秦腔、弋阳腔、梆子腔、罗罗腔、二簧调，统谓之‘乱弹’。”[2]繁荣的扬州滋养了戏曲艺术的繁盛，不仅本埠土班得以发展，而且吸引了各地戏曲聚集在此，如“句容有梆子腔来者，安庆有以二簧调来者，弋阳有以高腔来者，湖广有以罗罗腔来者，始行之城外四乡，继或于暑月入城，谓之赶火班”；苏州艺人来扬时，“城内苏唱街老郎堂，梨园总局也。每一班入城，先于老郎堂祷祀，谓之挂牌；次于司徒庙演唱，谓之挂衣。每团班在中元节；散班在竹醉日。团班之人，苏州呼为戏蚂蚁，吾乡呼为班揽头”；外来戏班之所以纷至沓来，原因一就在于彼时扬州为“川渠所在，百货通焉，利尽四海”，是故“郡城自江鹤亭征本地乱弹，名春台，为外江班，不能自立门户，乃聘四方名旦，如苏州扬八官，安庆郝天秀之类”，外来戏班酬金半厚，如“四川魏三儿，号长生，年四十来郡城投江鹤亭，演戏一出，赠以千金”[3]。二是众盐商为着能供邀宸赏——顺、康、乾均喜戏曲，尤其康乾南巡驻跸扬州，观赏演戏，征歌逐宴，上行下效，导致“狎优伶”成为包括扬州在内的“吴俗三好”之一。有清一代，戏剧作家积极投身到历史或现实题材的戏曲创作中。清初孔尚任（1648—1718）曾在淮、扬、泰等地致力于水利工作，复经十多年呕心沥血，三易其稿，写成了反映南明王朝灭亡之恨的名作《桃花扇》。该剧借南京秦淮歌伎李香君与复社文人侯方域的爱情故事，揭露了南明弘光政权的腐朽和社会的黑暗。该剧上演后，京师轰动，“岁无虚日”，“名公巨卿，墨客骚人，骈集者座不容膝”。《桃花扇》历史剧代表了清前期戏曲创作的高峰，与数百年前关汉卿以淮阴为背景创作的《窦娥冤》交相辉映。迨及晚近，泰州梅兰芳、淮安周信芳在京剧领域大放异彩，增辉梨园。

[1]
薛永年．华新罗的艺术成就 // 全国美术院校研究生论文选（一）[M]．沈阳：辽宁美术出版社，1986：436 — 440.

[2]
[清]李斗．扬州画舫录[M]．汪北平，涂雨公，点校．北京：中华书局，1960：107.

[3]
[清]李斗．扬州画舫录[M]．汪北平，涂雨公，点校．北京：中华书局，1960：107 — 136.

再看明清哲学和学术史上，苏北也堪称大家林立。泰州学派承继王守仁的“心学”，终成“王学左派”。其核心人物，便是泰州安丰场（今东台安丰镇）人王艮。王出生于一个世代以煎盐为业的灶户之家，明正德十五年（1520）拜大儒王阳明为师，乃师取《易·艮卦》中“道止于至善”之意，其名由银更为艮。他曾主讲于泰州安定书院，在安丰场故里开门授徒讲学，鼓吹“百姓日用即道”的观点，为学派的形成奠定了基础。该学派的形成和发展大约经历了三个阶段：第一阶段是16世纪20—30年代的王艮时期，是学派的形成时期；第二阶段是16世纪40—70年代，为该学派的兴盛时期，以颜钧、何心隐、王襞、王栋、罗汝芳为代表，他们在王氏的思想和理论基础上，进一步对社会结构、政治关系和制度进行批判，将学派启蒙思想推上了一个新阶段；第三阶段是16世纪80年代至17世纪30年代，以李贽、袁宏道、徐光启为代表，是其发展的鼎盛期。作为“王学”分化后声势最显、传人最多、流布最广的三派（浙中、江右和泰州）之一，泰州派成员弟子遍布全国。在清袁成业《明儒王心斋先生师承弟子表序》中，收录的该派五传弟子有姓名者竟多至487人！成员中“上至师保公卿，中及疆吏司道牧令，下逮士庶樵陶农吏，几无辈无之”，不啻是一个以下层民众为主体的平民学派，对明末清初思想启蒙发挥了一定的作用，“是中国封建社会后期的第一个启蒙学派”[1]。其代表人员多具有叛逆者性格，遭到统治者的迫害。

清代的经学即儒学方面，著名的“乾嘉学派”在发展过程中形成了吴、皖两大学术流派。苏北地区的阎若璩、王念孙、王引之、任大椿、汪中、阮元等人成就突出。阎居淮安，著述丰硕。为考据学发轫期的代表人物之一，代表作《古文尚书疏证》为清代考据学的一面旗帜，他上承顾、黄，下启吴派惠栋、皖派戴震。纪昀曾高度评介阎氏曰：“博览群书，又精于考证，百年以来，自顾炎武之外罕能与之抗衡者。”梁启超复赞其著，“不能不认为近三百年学术明权之第一功臣”[2]。高邮人王念孙，师事徽人戴震，继承了皖派音训考据之学，毕生笃守经训，好古精审，著有《读书杂志》和《广雅疏证》，其作在训诂学史上占有重要地位；其子王引之承继家学，精于文学，音韵和训诂学，与乃父齐名，著有《经义述闻》、《经诗释词》。高邮王氏父子在音韵、训诂、校勘等方面取得的重要成就，学术价值凸显。赵尔巽赞其云：“论者谓有清经术独绝千古，高邮王氏一家之学，三世相承，与长洲惠氏相埒云。”[3]清乾隆三十四年（1769）进士、兴化人任大椿（1738—1789）精通小学，治学严谨，成就在于考证名物制度和辑录小学佚书方面，曾任《四库全书》纂修。作为皖派的一位重要学者，任氏传承了其“窄而深”的研究特点，从《礼》经中最细小的问题入手，剖析入微，小中见大。

[1]
侯外庐 . 中国思想史纲［M］. 北京：中国青年出版社，1980：17.

[2]
梁启超 . 中国近三百年学术史［M］. 北京：东方出版社，1996：86.

[3]
赵尔巽等 . 清史稿（卷四八一）［M］. 北京：中华书局，1977：13212.

汪中、阮元和王氏父子深受皖派影响，乾嘉年间逐渐形成了一个学术团体，人称“扬州学派”。该派一分为二：一支以治小学为主，重音训考据，以王念孙、王引之父子为代表；一支以政治经史为主，继承戴震哲学思想，在从事音韵训诂考据之时，也兼谈义理，汪、阮即为此支系的中坚。江都人汪中擅长史学，对墨子、荀子颇有研究。推崇墨学，力辨孟子辟墨子为过枉，以为荀乃孔正传，称“孔荀”以异于宋儒“道德”之说，一生著述繁富，其中，《广陵通典》是专记扬州一地重要史迹之志书，以编年为体，内容详备，是清代私家纂修志书中的上乘。仪征人阮元一生为官，博学多识。其学以研治经学为主，兼及史学、方志、金石学、历法诸方面，著述多达30余种，先后主持编纂了《皇清经解》、《经籍纂诂》和《十三经注疏》等经学著作。嘉、道间阮氏振兴文教，俨然一时之学术盟主，海内尊之为泰斗。近人钱穆称其“弁冕群材，领袖一世，实清代经学名臣最后一重镇”[1]。

与晚明王艮在泰州等地口传心授、授徒讲学活动大抵相当的阶段，中运河、里运河沿岸出现了一支由创始人罗梦鸿而得名的宗教派别——罗教。罗以“清净无为”创教，故又称“无为教”。罗氏为山东即墨人，成年后当过漕运兵丁，长期漂泊在大运河上，备尝艰辛和苦难。至明成化十八年（1482），经过数十年的艰苦修炼，他终于“明心见怀”，“得成正果”，并率先在军丁和漕运水手中发展信徒，通过众人将教义传遍运河和长江南北各地。信徒们在运河两岸建立庵堂，兵丁、水手们常居食于此，进行教务活动。漂泊于运河上的教民们自此依凭罗教团体，互相帮助，在精神和物质生活方面有了一定的归宿和保障，增强了抵御外部压力的能力。该教主要经典教义由罗梦鸿口授，弟子记录整理，共五部六册。在民间刊刻后流传甚广，其教义结合了佛教禅宗和道教中诸多教义和传统，如从佛教中采纳了“心造一切”的概念，认为人的痛苦源于心中的欲望。因此，罗教追求无为，放弃任何欲望，以达到最高的内心状态。教义否定神像、不立文字，以绝对和永恒的“真空”作为宇宙的根本。根据“真空”理论，罗创立了“真空家乡，无生父母”的八字真诀。入清后，朝廷视该教为邪教，禁止教义活动。水手们被迫改在船艘上进行“秘密”的活动，并逐渐向行业帮会方向演化。

明清时期苏北地区在中医药、数学、物理、地理学和水利等科学技术或工程方面，也颇具成就和特色，涌现了南通陈实功、淮阴吴瑭等中医药名家，数学家焦循、地理学家孙兰和水利学家冯道立等代表人物。

南通人陈实功（1555—1636）撰著的《外科正宗》，共四卷：卷一总论外科疾患的病源、诊析、治疗，卷二至卷四分论外科 100 余种常见疾病，绘有插图 30 余幅。书中还介绍了中

[1]
钱穆. 中国近三百年学术史［M］. 北京：商务印书馆，1997：528 — 529.

医外科学的病因、病机、诊断和治疗的原则，在中医外科学术领域有着重要的地位。吴瑭（1758—1836），字配珩，鞠通，淮安河下镇人，清乾（隆）、道（光）年间著名医学家。一生以医为业40余年，屡起沉疴，著有《温病条辨》、《吴鞠通医案》、《医医病书》三部医术，精通温病，其著以温病学派为圭臬，擅治急性发热性疾病，素有“伤寒张仲景，温病有鞠通”之说。复兴古算术，介绍西算，是清前期数学演进的两项要义，突出者公推焦循和阮元。焦循（1763—1820），字理堂，甘泉（今扬州）人，学识渊博，于经史、历算、音韵、训诂等无所不精，诗词、文赋、医学、戏曲、刑家等九流之书无不贯通，复多有创见，有“通儒”之誉。他在数学方面的成就是精研《梅氏丛书》（清初梅文鼎数学之作），撰著《加减乘除释》卷八、《释弧》三卷、《开方通释》一卷、《乘方释例》等。阮元涉猎广博，发现并整理了宋、元古算名著《四元玉签》，组织编写了中国第一部历代天文、数学家传记《畴人传》。该传记收录了上古至清中期天文和历算家262人、附录西人40人，叙述了历代天文、历算学家的主要贡献。

王士性、徐霞客、顾炎武、顾祖禹、洪亮吉等明清地理学五大家中，除王氏为浙人外，其余皆为江苏人氏。五家之外的江都人孙兰（1626—1715）因长居扬州北湖，课子以耕，布衣终老，声名稍微，然其才学识见足当跻身一流之列。其年轻时得传教士汤若望历法真炙，通晓西学，其著《大地山河图说》、《柳庭舆地隅说》等注重自然地理环境的研究。如在《柳庭舆地隅说》中将地貌形成过程归纳为因时而变、因人而变和因变而变三种，认识到内、外营力的作用；进而提出地理书不仅是“志其迹”、“记其事”，而更应“说其所以然，又说其当然”，主张地理研究工作应从单纯的描述提升至探究规律的层面——这在300多年前实属难能可贵；他倡导革新舆地著作的传统内容，创立“变盈流谦”、“高下相应”的理论；探讨人地关系，提出万物协和、维持环境平衡的思想。晚近学者刘师培就此曾深刻地指出：“使明清之际，人人能读兰书，而发扬光大，则吾国格物致知学当远迈西人。”[1]

东台时堰镇人氏冯道立（1782—1860），字务堂，博洽多才。除经史子集外，涉猎天文、历象、算学、医学、文学和水利。冯氏目睹江淮常遭水患之害，潜心研究贾让、郏檀、潘季驯、陈潢等历代水利家的著作和治水策略和得失，立志造福乡梓。他认为：“天下事莫难于治水，亦莫易于治水”，“天下事畏之则难，行之则易，有志者事竟成，是在人力以胜之”。清道光十一年（1831）皇帝诏其见驾封官，他以《淮扬治水图说》一书未成、母病不宜远离为由辞不应诏。时至暮年仍笔耕不止，所书常加检阅，每有新得，不惮长篇累牍，抒发己见。撰著包括《淮扬治水论》、《淮扬治水图说》、《测

[1]
［清］刘师培．左庵外集·孙兰传．《刘申叔先生遗书》本．

海蠡言》、《东水刍言》等治水专著在内总计约40余部，于水利研究贡献卓著。

明末山阴人张岱言及听柳敬亭说书《景阳冈武松打虎》评话，曰：“其描写刻画，微入毫发，然又找截干净，……说至筋节处，叱咤叫喊，汹汹崩屋。”如说到武松至店沽酒一段，对比手法运用得淋漓尽致：“店内无人，蓦地一吼，店中空缸空甓瓮瓮有声。”[1]据曹聚仁言，柳系泰州曹家桥人[2]。清初吴梅村、黄宗羲专为其写传，孔尚任《桃花扇》中也多述其侠义。约300年后，评话大家王少堂（1889—1968）驰誉大江南北，其幼从父玉堂学艺，12岁登台。《武松打虎》评话说表细腻，情节曲折生动，描绘人物引人入胜，功力深厚，代表了扬州评话的又一高峰。

苏北近现代俊彦中，生于淮安的罗振玉（1866—1940）是位极具争议的历史人物，辛亥后以清朝遗老自居，长居日本，曾任伪满监察院长等职，遭世人唾弃。然其安身立命于安阳甲骨、商周铜器、熹平石经、六朝碑刻、敦煌简牍、唐宋典籍、墓志铭文，旁及图书珍档、目录校勘、明器古物乃至印章等领域，成就斐然，取得了世人难以企及的高度，近代学界罕与俦匹，尤其在抢救内阁大库明清档案和文渊阁藏书中功不可没。正如郭沫若在《中国古代社会研究》自序中有云：罗振玉的功劳即在为我们提供出了无数的真实的史料。他的殷代甲骨的搜集、保藏、流传、考释，实是中国近30年来文化史上所应该大书特书的一项事件。实际上，罗氏成就远不止上述：毕生寝馈书丛，著作达180余种，刊印书籍500种以上，收藏称山海之富。考据功力深邃的罗氏还观察到隋唐官印兼具考证史志的独特价值，辨识西夏官印数十方，他以继绝传薪为己任，是王国维一生中最重要的师友，先后培养了容庚、商承祚、柯昌济、关百益、孙宝田等文史大家。

相对而言，南极的泰兴以“二丁”最富有传奇色彩。地质学家、地质科学事业奠基人之一的丁文江（1887—1936），字在君，毕业于格拉斯哥大学，曾任工商部中国地质学会会长，创办第一所地质机构——中国地质调查所，北京大学教授，《论丰宁系的地层》、《中国北方之新生界》、《云南东川府铜矿》、《中国之造山运动》等为其扛鼎之作，被蔡元培誉为“我国现代稀有人物”，认为“普通科学家未必长于办事，普通能办事的又未必精于科学”，而丁擅其两长，实属难得。中央大学校长罗家伦则赞其“能受善言，勇于自反，使我佩服”，“至于像在君这种的作风，则绝对不是中国士大夫传统的乡愿习惯里可以产生的。这是西洋科学家按照原理原则来处事的方式。这种爽朗忠诚的格调，实在足以挽救中国政治、社会乃至学术界的颓风，最应该为大家效法的”。中央研究院历史语言所傅斯年则口称“丁大哥”，力促其任中研院总干事长。今中国科学院上海生

[1]
［明］张岱．陶庵梦忆（卷五）［M］．兰州：兰州大学出版社，2004：117.

[2]
曹聚仁．人事新语［M］．北京：生活·读书·新知三联书店，2007：260.

命科学研究院礼堂原即为“在君堂”，其影响可见一斑！丁氏无论治学，还是治事，均秉持“唯真”的原则，正如其殁后章鸿钊所撰对联“认责任内无处可放松，治学然，治事亦然，识君以来始信自强在不息；数交游中唯真最难得，能让易，能争非易，从今而后几疑直道与偕亡”。

丁西林（1893—1974），原名丁燮林，字巽甫，物理学家，剧作家。1914年负笈英伦，于伯明翰大学攻读物理学和数学。历任北京大学教授、中央研究院物理研究所所长、台湾大学理学院院长、山东大学理学院院长、文化部副部长、对外文委副主任、对外文协副会长、对外友协副会长和中国剧协帝务理事。五四时期创作的《一只马蜂》、《压迫》等独幕剧，抗日战争时期的多幕剧《等太太回来的时候》、独幕剧《三块钱国币》等，构思新颖，人物语言机智风趣，风格轻松而幽默，一人并擅理科、艺术两长，且臻于高境，实属奇迹。

第三章 / 民居建筑

一、苏北民居

徐州市户部山民居是苏北地区保存较完整的清代建筑群，其建筑形制、平面布置模式、空间格局和匠作工艺，堪称徐宿地区的典型。该民居群东起解放路，西至彭城路，南自劳动巷，北迄马市街，总面积约10万平方米。此处地势高亢，民居环山而建。其形制和平面布置既有徐州建筑模式，也有映现各区域建筑风格之作，形成了若干独特的处理方式和特质，其类型：一是店宅一体者，如徐万顺纸坊、“洪昌顺”干货店、李同茂酱园等，均为前店后作坊式。此类数量最巨，约占总数的二分之一。二是一官宦缙绅的府邸。如状元李蟠故居、翰林崔涛故居等。三是殷实之户，如魏家园、阎家小院等。基于身份、等第、财力和朝向等的区别，在规模、规格上差异明显：规模大、高广者若李居山坡南向近半，原有前后三进、左右三路的组合式院落，占地近 4 500 平方米，房屋 400 余间；崔居覆盖西坡，面积与之相当，由上下院和客房院组成，房屋 300 余间；小者魏家园，两进院落，占地 300 平方米，房屋 15 间。

南坡余家大院沿袭传统的布置方法，院门东南，房屋前后和左右十分对称。平面布置依序为大门、客厅，三进三路，内宅院位于内里端。全院共有西、中、东三路轴线贯穿的院落，以中路为轴心，西（左）、东（右）两翼平铺展开。每一路院落的纵深均为三进，平面布置类如“九宫”。进入中路院门大过底，过底间高约 5 米。其前院的西侧为偏房，东缘置家塾。往北复拾级而上便入二过底：中院西端是花房，东首为入东院的门扉，北为中堂，也是余家等级最高的会客之所。客厅北（后）面设门径连后院。后院分隔有垂花门，正对垂花门的北屋为正房，东、西两端为偏屋。借助东偏屋前的小径可通小书楼。东路院分设两个单元：依凭高程之差，低卑的南坡设置戏园（台），略高的北区为东花园。西路自南而北有旁门可供出入，平面布局与中路房大致仿佛。唯西路院面积略小。西、东两院之间以一狭长的小径和过底连接，间或布置茶房、仓库、杂房和磨房等辅助性房屋。山坡东向的翟家大院毗邻余宅，郑家大院之南，坐西而朝东（院门）。顺沿山坡逶迤而上，迂回曲折。其面积虽有限，且基地曲折、狭长，但经巧妙经略，竟成四进院落之广。西向端处因地势高亢，遂依山凿池蓄水，高处建亭名“伴云”以供瞭望、休憩。该园恰与余家后花园交错，互为借景。翟氏从山右迁至彭城，清中叶前后业商发达，购得王姓大院后依其地形、基地和房屋现状进行了改造。拾级高矗石阶，甫入门楼和过道后，第一进院为前院，北面堂屋与郑家大院相背，南端有一门可入偏院，西缘逐级而上穿越排房，南折可达中院：正屋为院落的最高处，高大宏敞。厢房堂屋为楼居，上下各三间。东屋与前偏院的西屋（正屋）根据地形高差建鸳鸯楼。三间南屋偏东设置辅房过道，穿过道而入第三进院。三进院西屋与二进院南屋相连处可径入第四进院落。其往西向上便是伴云亭。目前以余、翟两院为主建成徐州市民俗博物馆。

因户主来自各地，故建筑风格南北各异，兼容并蓄。如余氏为徽州歙县人，初以贩运经销茶叶为业，约于清中期落户此地，后代中既有弃商从文者，有专攻医术者。崔家大院为崔氏在彭城的聚集地，祖籍山东鄄城，书香世代，诗礼传家，科甲鼎盛。明清两代共有两位翰林、五位进士。崔焘于清道光九年（1829）高中进士，入翰林院，为庶吉士，曾历任河南通许知县、裕州知县、郑州知州、怀庆知府等职；其子崔惠均也为进士，因父子两翰林，故也称为“崔氏翰林府”。又因崔府楼前矗立两旗杆，上悬“崔”字旗幡，故又俗称为崔旗杆。大院始建于清乾隆年间，经嘉、道年间数次改扩建，形成三个相对独立的下院、上院和客房院，占地约 20 亩（近 13 200 平方米），房屋 300 余间，庶几覆盖了户部山的西坡。其中，西临彭城路的下院系崔岫于清乾隆十一年（1746）任宿州训导时兴建，院门面南，建筑群因地势而构，是大院的主体院落；上院位于东侧略高处，为崔焘于道光九年（1829）构建，南北向，院门朝南。客房院位于下、上院之北，院门朝西，院落顺沿山体布置。现仅存下院和上院的南半部分，东西总长 115 米，南北最宽处 51 米，占地约 5 200 平方米，建筑面积 3 100 余平方米。从建筑功能上看，下院萃集了居住、家塾和祠堂三项功能，具体为正门楼、翰林楼院、佛堂院、祠堂院、墨缘阁院、月亮门院、内客厅院等。其中，正门楼为一三开间的二楼，门前石狮，上方高悬“崔氏翰林府”匾，楼前旗杆矗立，对面隔巷相望的是八字形照壁，彰显出门庭的庄重和显赫。佛堂院、祠堂院均在下院西端。前者也为家庙，后者有大小祠堂之分：大祠堂建于台基上，抬梁式结构，正脊中置宝顶，轩廊下悬“崔氏宗祠”匾；小祠堂位于宗祠之西。翰林楼院为崔氏长辈所居，其院为二层硬山构造，又称堂楼，东侧为妾妇居住的月亮门院，再东侧则为亲戚居处的内客厅院。墨缘阁院是整个下院中规模宏阔所在——既是款客之所，也是子弟苦读寒窗之处。因处于下院之南，故俗称南书斋。上院又名“史学家庄”，旨在培育族中子弟。前三进为教学场所、塾师所居的四合院，最后一进为花园。现存小前院一进、西花厅院、二进东跨院，二进西跨院，其间分置天井、腰房、影壁等。大院四周高垣矗立，门扉朴质厚重。为安全计，在客房院西北隅和上院的东南角各构三层高的更楼以裨瞭望和巡视。前者西临彭城路商业街，登楼可一览街衢全景；后者亦处于东侧的制高点，各房院尽收眼帘。另在院墙的隐匿处辟有窄小的更道，便于更夫夜晚巡视和检查。

晋、徽两商所建的宅院在建筑体量和风格、格局、用材上各异其趣。如晋商翟氏大院的单体建筑以两层楼居为多，体量庞大而高矗，房屋下半端墙体基础以垒石为主，上端青砖；墙体为立面以砖石为材，内里则运用土坯，这种基于保暖的外熟内生的做法，延续了山西民居常见的工艺及技术模式。又因前后院落间高差明显，故院门前台阶层层，气

扬州市广陵区地官第汪氏小苑入口

势不凡。翟院西北端的鸳鸯楼和崔氏的鸳鸯楼，均利用坡度的高差以阶梯式竖向布置，使房屋南北“相借”——翟氏鸳鸯楼大门离院落地坪约 1.5 米，门前设 8 级石阶，在其背面入口处亦有一大门，进门略向下数级台阶，这样，就巧妙地形成了南北（东西）两向设门、看似一层实则二层的居室，这种居室上下叠压、因借，内无楼梯，楼上楼下朝向相背，呈“鸳鸯”格局。两鸳鸯楼门窗上的罩子，均设置硕大斗拱，三晋建筑遗制颇为明显。与上述一样，崔家上院的鸳鸯楼坐落在中排西半部分，上下各五开间，一楼朝南，东头三间居中间设门，上设门罩，两次间各设窗牖；西头共两间，东间开门，西间设窗，因同大客厅的山墙相向，故室内光线晦暗。一楼诸室以及西大厅客厅、雕花腰廊等，共同成为具有款客功能的西跨院。二楼面北，东头三间大门、北面三间堂屋大门相向。其中，西头两间属暗室，没有内门和外三间相通，属于“明三暗五”式的平面模式。北面除一门外，每间房屋都设竖棂窗一，南缘房屋中仅有最西侧的一间设窗牖相对。鸳鸯楼上层五间和堂屋三间、西屋五间、腰房三间，组构成上院两进、崔氏家人起居、生活的西跨院（内宅院）。

崔、翟院中的鸳鸯楼上下两层，巧妙利用山坡高程的差异，不但借助相背之朝向，楼前、楼后各自开门，径自通往不同高程的院内地坪，一举解决了地面高差而容易造成的空间序位之变，以及多进合院式住居间过渡的繁难。同时，还有效地提高了土地利用率，可谓顺乎自然，因地制宜，因势就形，是困厄中的创新之举，具有较高的实用性。户部山现存清代民居建筑计 13 处，约 70 处院落，800 余间房屋，总建筑面积 10 000 万多平方米，占地约 20 000 平方米。在建筑材料的取用和房屋梁架处理中尤见特点，如崔、余、郑和翟家，木、砖、石并用，墙面构筑多取下石上砖的混合法，门扉、窗牖等处为木构。其石就地取材，选用平整山坡所开采的石块作础。房屋结构上，民居梁架大多使用“金字梁”式而非通常的抬梁式和穿斗式。“金字梁”得名于其屋架部分的构架轮廓或形态类似“金”字，其受力点和构造法有别于穿斗和抬梁式——梁架由一根大梁和两根叉手构成，大梁上各有一短截站柱。如此结合，不仅用料俭省、结构简略，更重要的是受力坚固，施工便捷，结实耐久，堪称结构体系中的特例。

徐州市云龙、贾汪、铜山、睢宁区以及宿迁市北缘尚遗存部分清代民国时期建造的草顶农舍，此类曾广布于苏北和鲁南一带，是同合院式大宅共生的一种民居类型，它泛指以木材、石材、土坯等材料作为支撑和围护结构，茅草式的，即用茅草、麦秆和小青瓦组合为屋顶材料类型的民居，大多位处经济欠发达、交通弗便的偏远山区。其平面布置以小型独栋单体式为主，少量院落围合型。无论何种类型，其规模均趋小微，仅数十平方米而已；其围护体因地而异：依山而建者多用石块、条石为之，平原处则用夯土墙。屋顶支撑取近似金字梁式的简易的大叉手，其他也以硬山搁檩式，结构趋向简略。屋面铺敷茅草或小青瓦。云龙区子房山迤西若干草顶农舍循山而成，围绕居住这一主要功能构筑成小型山地合院。一如上述，其支撑和围护结构均为石材，屋顶取金字梁架，屋面小青瓦，风格粗硕。相较而言，草顶农舍的整体构成和风貌同胶东海草房颇多近似之处，如屋面倾斜度、面积大小和低微的等级，等等。

无论是海草、茅草，抑或石材，大量运用本地建材，体现了因地制宜和原生态的建筑风格。事实上，一些独具特色的建材和房屋随着时代变迁，已渐行渐远。编芦作屋，就是淮安传统建筑的独特景观。清代邑人阮葵生曾有如下记载："淮民编芦作屋，贫家皆然，亦有精粗之别。园林中偶置一区，俨入画图。许太守同安守淮，爱之，即归去，仿为之，名曰'淮屋'。客题诗曰：'淮人作芦屋，缚芦为桷椽，砖甓省涂塈，欂栌无刻镌，结构朴而雅，庀治廉且便。……人言芦为屋，尝恐火误然。建章三月火，岂亦芦使然。又云不耐久，风雨易漏穿。此屋如传舍，次公岂非贤。竹楼安在哉？其名至今传。'"[1] 历史上这种编芦为屋的技术和手艺，为淮安民众的居住和生活带来了福祉和莫大的便利。早在《宋史》中，就记载了抗金巾帼梁红玉随夫韩世忠镇戍淮安，曾"亲织薄为屋"。直至清末，因其成本低廉，成屋快捷，深受经济贫困者的青睐。

从遗存的明清和民国时期的住宅实例看，北端徐、宿、连一线与南缘的淮、盐诸地的民居差异和趋同并存，下面我们不妨以徐州李可

[1]
[清]阮葵生.茶余客话(卷二十一)·淮屋[M].李保民，校点.上海：上海古籍出版社，2012：518.

染旧居、淮安刘鹗和周恩来故居、连云港李汝珍旧居、东台冯道立、戈公振和朱华故居等实例为样本，比较和分析它们的异同。

画家李可染（1907—1989）旧居位于徐州市云龙区广大北巷17号，是一座约建于清中晚期（同治、光绪年间）的四合院。住宅坐南面北，占地600余平方米。一进四合院中，北屋（正房）三间，为李可染父母亲的起居空间，三间西屋为其胞兄李永平居住，画家居南屋（三间）。与北方等省区的四合院一样，李居入口门楼高峻、凝重，卷檐枋楣，青砖黛瓦。合院内北、西、南诸向房屋形制谨严规整，为保暖御寒计，房屋通高低于门楼，窗牖洞口偏小，房屋形态闭合、沉穆气息盎然。其建筑艺术的优长，一是入口门楼内及两侧门洞，二在于建筑藻饰。甫入门楼，端口以冰裂纹木构图案做成挂落框格，巧妙地暗示和限定了门屋的空间属性；正对大门的照壁简约而朴质，折西设置圆洞门及墙垣屋檐，洞门上李氏手迹“澄怀观道”，反面即院内题额“澹泊宁静”，又因主屋北侧三级风火墙层层跌落，恰巧构成照壁的顶端，颇具意匠。北屋主房，屋顶上的透风脊、山墙上山花云山图案等装饰，凸显了北尊的等级；屋檐下的两根柱子、石鼓和门槛，表现了苏北建筑中精致的美学特征，横梁上镌刻着荷、菊、梅等花卉图案装饰。

文学家李汝珍（约1763—1830）于乾隆年间随长兄赴今连云港市灌云县板浦场盐课司任职，后终老于斯。旧居原为盐商许氏住宅，坐北朝南，平面布局为二进院落，共有12间房屋。其中，北屋三间，面阔约10.2米，进深五檩约5米，屋脊高7米许，抬梁式结构，屋脊升起明显，屋面铺阴阳合瓦顶。中屋分别为客厅、书房和棋室。两进院落的西侧均设置厢房，第一进院落的厢房和中屋西梢棋室相通，中间仅用板壁分隔。每进院落的西侧均有院门供出入。第一进院门中建有穿堂，位处西厢之南。门外两侧设圆状抱鼓石一双，上錾狮子滚绣球、云鹤等纹饰。第二进院的院门穿堂位于厢房之北，门外置长方形抱鼓一对，上雕“寿”字和如意云头纹饰。两进院落东向用墙垣同东花园分隔，墙上置花窗。东墙处均设月门与东花园相连，花园内花木葱茏，景色宜人，两天井中均青砖墁地，分别植栽石榴、木香和迎春花等，使院中春意盎然。

位于淮安市西长街的刘鹗旧居占地800平方米，共三进。旧居为其曾祖母购得，也是其父刘成忠归里后的隐居之所。现旧居仅为原北侧的部分，甫入大门为西院，有堂屋三间；堂屋以北三间房，东院为画杉大厅。该厅始建于明代，面阔11米，进深七檩8米，厅门为格扇门制，气势宏敞。屋面硬山顶及青砖黛瓦，山墙和飞檐上砖雕甚是精美。相距不远的河下镇吴承恩旧居占地10 000余平方米，有门厅、堂屋、书斋、客房等计20余间。旧居坐北朝南，院内堂屋为抬梁式结构，硬山顶，面阔三间11.8米，进深七檩8米，檐高4米。堂屋以西为书斋，这里诞生了不朽的《西游记》。旧居轴线底端后花园名悟园，园中有松风阁、石舫、醉墨斋等建筑或构筑物。

驸马巷周恩来祖居为一简朴的清代宅院，由东西两宅院组成。东院门面文渠，房屋20间。西院门南向，面朝局巷，房屋12间，均系平房，两院之间有一亭子间，宅内有水井和园地，宅院西向有一后院。占地总面积为1 961平方米，房屋面积为543平方米。周居约始建于清中叶，系其祖父周攀龙与其二祖父合置，数十年前按清末原貌整修。房屋为砖木结构，青砖青灰勾缝，格扇门窗。呈横长状的院落与北地的纵窄形院落比已经形成了明显差异。

总体上，淮安民居开间小，礼制与建筑功能结合紧密，以正房居中、两厢分列为主体，正房大多面南、殿后、座高，入口大门并不刻意避讳巷口、屋脊等禁忌。如上板街多子巷3号基地为近乎正方形的宅院，东向居中入口，进门为东西狭长的庭院；坐北面南处三间正房，即一正两厢（两次间），隔院对面为坐南面北的三间辅房。

东台市东台镇戈公振故居和时堰镇冯道立故居在平面布局、建筑风格和匠作技术等方面十分近似。戈公振（1890—1935），名绍发，字春霆，近现代进步新闻记者、新闻学家，曾任职于《时报》、《申报》，与邹韬奋筹办《生活日报》。戈居约建于清中晚期，现存房屋三进12间，建筑面积247平方米，坐北面南，砖木结构。第一进为倒座，面阔四开间（含门楼）；第二进四开间，面阔9.05米，进深七檩6.2米，檐高3米；第三进三开间，前后两座天井的东侧均设置半间廊屋。山面梁架为穿斗式，中间抬梁式。墙体厚实，均为清水作、硬山小瓦屋面（第二、三进山墙脊升起呈方形风火墙状），室内墙体大多用木壁板分隔，落地格扇门窗，显示出与徐州、连云港等地的区别。地坪均以340×340方砖墁地，方砖下埋设瓦瓮以裨防潮——这是苏中地势卑湿地区的习惯做法之一。

建造年代略早于戈居的水利学家冯道立故居位处时堰镇道立路西侧，原有房屋33间，规模略大。现存宅院占地500余平方米，门屋和厅堂的建筑面积共计177.12平方米，房屋坐北朝南，六架梁正屋三间，面阔 10.41 米，进深七檩 7.2 米，室内四周壁板围护。中间六扇格扇门，次间为八扇窗格，下为雨墙，台阶三级，硬山小瓦屋面。门屋东向，面阔二间 10.29 米，进深五檩 4.36 米，为清中期里下河地区的典型风格。

从东台富安镇板桥巷 17 号的贲氏、张宅，虎阜路董宅和王宅等明代民居实例看，一般面阔多三间，进深七架，屋面全为硬山顶。房屋梁架抬梁或穿斗式不一，用材较为粗硕，形制趋于古朴，部分木、砖雕錾精致。具体地看，贲氏宅坐北面南，占地面积 339.4 平方米，建筑面积 77.7 平方米，面阔三间达 10.5 米，进深七檩 7 米，檐高 2.9 米，木础的础径 0.19 米。与扬、泰地区一样，东山墙砖雕的神龛制作精良。张宅现仅存堂屋三开间，进深同为七檩，穿斗式梁架，前后双步前后廊，扁作。地铺满铺斗纹式条砖，圆椽上盖敷望板和小瓦。相较于贲、张宅，董宅中所用木构面积明显增多。该宅同样坐北朝南，建筑面积 95.22 米，三间面阔 13.8 米，进深 6.9 米，檐高 3.6 米，七架五柱穿斗式，扁作月梁，硬山顶，窗为槛窗、支摘窗，保存满天星窗棂图案，木质柱础，柱径 0.32 米。从形制结构上分析和判断，建房构屋者从苏州自明代迁徙而来似无疑窦。其月梁、窗棂和大面积的木材运用和雕镂沿袭了江南的传统做法和特征，其经验在王氏（甲）宅中也十分相似。王宅也为坐北朝南，建筑面积 94.4 平方米，面阔三间 11.8 米，进深七架四柱前廊轩 8 米，檐高 3 米，扁作抬梁式，磕头轩、硬山顶，木质柱础的柱径 0.32 米。前檐柱八瓣形分明遗留着宋制特色，南北建筑技艺和文化交融甚为明显。

东台明代住宅与清代住宅的区别在于早期房屋的闭合性或厚重感较

弱，清代冯、戈居等外观均较封闭，入口门洞瘦削，较少在两边侧设置厢房，也无楼居，与徐州、淮安地区有所不同；相同之处是部分房屋如安丰镇南石桥大街民居屋脊上普遍装饰“双喜”透风脊，其制与徐州、淮安相似，又与扬州等地三合院形式存有距离。不过，在冯、戈居以及时堰镇浴室巷等处，凡屋角面街巷转角处均作切角处理，以内敛、收缩之举方便行人，此乃苏北、苏中地区习见的做法，显示了古人敦厚的品格和谦让之风，可惜若干古建在修缮时，建设部门未能注意到此点。

二、苏中民居

目前扬州遗存的盐商宅院尚有数十处，如：南河下街 170 号两淮盐业总商汪鲁门宅，现存老屋面阔三间、九进，总纵长约 115 米，大小近 90 间，建筑面积 1 700 余平方米，其楠木厅的架构与月梁呈典型的徽派建筑风格。丁家湾 88 — 5 号许宅现存前后三进院落，纵向递进的宅院均为三间两房，居中以横长型天井相隔，现门楼、院门和满周窗及部分隔断尚属完整。位于康山路 22 号的盐商卢绍绪宅建于清光绪二十三年（1897），耗银七万八千两，为扬州现存最大的盐商宅院，素有“盐商第一楼”之誉。前宅后院平面布置模式，前后九进，占地万余平方米，房舍 130 余间，自第一进至第四进的天井两端布置形态各异的花园山石，在序列规整的纵轴排列中，第一进为一排七间的两层建筑，东缘五间为门屋、门房，西端两间与之分立，中置独立式小院。入门北向系倒座房，过天井为照厅（二门）。位于中轴线上的二门一贯到底，三进照厅皆为厅堂，前厅名庆云堂，面阔三间，两侧各连两间附房，用板壁隔断，卸却后广可容百席，故又有“百宴厅”之谓。二厅与庆云堂间回廊连接，厅堂虽也同为三间，但与两侧附房分隔，以作客房、账房之用，以保私密。厅后墙垣砌筑，穿过中门即为内宅——用于女眷款客之用的女厅。在男女有别的秩序中，这种专事接待女眷访客的空间不仅体现在使用者的性别中，而且比较注重空间闭合性的差异，如其两侧附房也一并充作女宾的客房之用，并以塞口墙予以分隔。纵列三进厅堂的两侧均各设花圃。第六、七进的楼房为户主的居处，面阔七间。与汪宅不同的是，两侧连以厢房使前后贯通，形成“走马楼”的格局。第七进后为面阔五间的临时留宿之处，设墙垣分隔。第九进后有一“意园”，植奇卉异树、盔顶六角亭和石船坊等。池沼、亭阁、游廊、旱船等一应设施齐备，点缀和穿插植栽、花木和湖石，与前三进堂侧花圃形成前呼后应的效果。其北端有书斋和藏书楼二区域，书斋庭园西缘设后门和门房。

外观宽敞宏大而高峻的卢宅，在建筑构造和装饰装修方面呈现了扬州的工艺做法。如深六步架建筑内立面的楼层向外出挑，正对大门内照壁上精致的神龛，门宕上端的砖雕插角雕斫等等。至于宅院中普遍采用的玻璃及窗棂格“花结嵌玻璃”式等，已标志着近代西式建材的涌入和使用，晚近徽商宅邸的建构也在急剧变化的环境中呈现出多元化的态势。

大多数形成于清末、民国时期的扬州旧城区的传统民居，系以院落为其空间组织的基本单元。从其单元的功能类型上看，大体可分为入口院落、厅堂院落、内宅院落以及服务用房院落等，视房屋规模巨微，形成多种单元空间或组合形式。以下就四种不同功能的院落空间布局进行

泰州市姜堰区溱潼镇朱宅仪门

简略的考察和叙述。

入口院落：此类院落系甫入大门所必经的首个院落。主要构成为门外照壁、大门、门厅、轿厅、天井、仪门、福祠。门厅两侧房屋用于门房、账房、家塾、男仆居所等，有时也设对外接待的客座用于款待普通的宾客。通常，照壁、大门、门厅和福祠等位于纵轴上——开门即见福祠，如地官第汪氏小苑、康山街卢氏宅院。从平面构图和空间组织上看，此为入口院落式建筑内部和外部的中介和过渡，也是内部空间序列的开端。

厅堂院落：厅堂是对外款客、家中举行庆典礼仪和家人起居之所，是居家的核心场所之一。扬州地区厅堂多样，规格上有正、偏厅之分；方位上有东、西厅之别；位序中又有前厅、内厅之分，还有伦理上的男厅、女厅之别等，均显示内外、等级的分异和差别。从使用功能方面看，正厅、中厅是正式的厅堂，举凡家族议事、婚丧嫁娶、宴客行礼和社交活动等庶几在此举行；花厅，系一般性、有休憩和交流功能的家族活动的场所；女厅，顾名思义，则是女眷们活动的空间和场所。若从空间等级和位序上考察，无疑，正厅居于建筑群中等级最高端，也是建筑空间中枢和核心所在。次为中厅，其他类厅堂复次之。是故正厅往往处于房屋组合群中的纵轴线上，是住宅单元中规模最宏畅、空间最高敞、装修最富丽、陈设最考究的单体建筑。部分规模较大的住宅与苏南苏松地区一样，在正厅对面增设一厅堂，形成两两相对的格局和模式，即“对照厅”或“照厅”，借此进一步彰显正厅。

内宅院落：内宅是主人及家眷日常起居的场所，通常布置在建筑群的后半部分或侧路，外人及男仆均不能入内。其主要功能空间由堂屋、卧室、厢房、书斋、闺房等组成。一些规模宏敞的院落亦多以楼居形式呈现，如康山街卢氏宅院。事实上，女厅名曰“厅”，如依照内外性质的划分，应该属于内部单元。

服务用房院落：主要由厨房、杂屋、库房和女仆居所等用房组成。

以上四种院落的空间单元，分别承负入口、重要活动、起居、服务四项功能。不过，上述仅是针对大中型的院落建筑群而言的，对于大多数的中小型合院式而言，似乎是不可能进行和实现空间与功能“对接”的。通常，较为多见的是小型一进院民居——在一个院落单元中就实现或兼容了入口、厅堂、房屋和服务用房的所有功能；大多数是将入口单元独立为一个院落单元，其他功能共同设置在一、二个院落单元之中。而且，基于传统民居院落单元空间构成的形式、模式相对的单一和模式化，基本上属于“同构”的空间类型，因此，房屋承负了生活、工作、交际等多种诉求。即便是同一模式的扬州地区习见的三合天井院落式住宅，由于不同家庭（人口数、人员构成的差异），不同的建筑规模（开间、进深等的差异）、组群中不同的位置等，所承载的空间功能也是各不相同的，就也是“一构多功”、“同物异构”的实际状态。

扬州、泰州等地传统民居院落的构成形式繁复多样，大中型住宅中往往并置着不同形式的院落单元。根据围合式院落的基本围合方式和建筑单元的组合模式，大体有一明二暗、对合二进、三间二厢、明三暗四、六间两厢、六间四厢、明三暗四（五）对合型等七种模式。

“一明二暗”型院落，基本模式是一进厅堂不连庑，三面墙垣围成院落。此类大多相互连接，毗邻成组成群。其构成上较为简单，即横向三间，前面天井、院门。院落式有比较明确的方向性，三开间的单体建筑的朝向就是院落的主体朝向，两者等同。

“对合二进”型院落，也即二进厅堂相对而置形成。其基本模式是上述的“一明二暗”型上下两组，中间夹隔一横长形的天井。通常，上下对合的两组建筑体现出一定的主辅关系，借此呈现一定的方向性——即明间正房的朝向与院落朝向一致，而与其相对的建筑为背向，此类型院落显示了比较明确的内聚性，组合也大多与左右院落相连成群，实例如兴化昭阳镇吴甡故居。

“三间两厢”型，或称为“三合院”型，基本模式是在“一明二暗”三开间两侧次间前段伸出面向天井、对称状的两厢房或厢房，形成一完整的三合式院落。如此，房屋格局呈现为正房（明间）对面为围墙，或为前座院落的后墙，也就是三个朝向为房屋、一个朝向为墙垣的围合式天井院，院落的围合性较强，内聚性明显，方向性也十分明确——正房面对的方向就是院落的正向。“三合院”型是扬、泰、南、如、泰（兴）、高、宝等地民居建筑中最普遍的院落形式，形式也较灵活，即既可单独成院，也可作为基本单元构成更大规模的院落组合。如正宅为三间两厢一对照式四合院的三多巷 10 号王少堂故居即为典型的清代中型宅院。还有安乐巷 27 号朱自清故居，堪称扬城三间两厢一对照式四合院形中型住宅的典型。朱居占地约 400 平方米，一层。因安乐巷呈南北向，故大门开口东向，有前后两进。第一进朱家租用，第二进房东自用。该院进入门堂北侧小院，有南向客座两间，为朱氏居所，室内保持原貌。二门内第一进为三间正屋，上下正屋及两侧厢房为朱氏父母居处，是为三间两厢一对照格局。居中坐北朝南的正屋明间即起居室竹篾吊顶，进深七步架。布置案几木椅，陈设瓶镜等，墙上悬挂康南海“开张天岸马，奇逸人中龙”联对。从起居室腰门进入第二道院落即上（堂屋），开间进深同第一进。东侧有前后两小天井。坐北朝南，明间为堂，次间为室。第三进面阔三间，进深七步架。门内的门屋二间，过门屋为一天井，其西墙上设门扉。

“明三暗四”型院落系在“一明二暗”三开间的基础上扩展而成。基于获得更多的使用空间，也多在次间布置套房——这样就形成了表里不一的状态：表面上是面阔三间，实际上却达到四间，甚至五间之多。这种变异实际上反映了民间对传统建筑伦理和礼制的一种应对策略，由来已久。《扬州画舫录》载曰：“如五间则两稍间设槅子或飞罩，今谓明三暗五，宋排当云‘三间五架’。《辍耕录》云‘三间两夹’，皆是也……三楹居多；五楹则藏东、西两稍间于房中，谓之套房，即古密室、复室、连房、闺房之属。”[1] 实例如扬州东圈门 14 号刘文淇、刘师培故居占地 800 平方米，建筑面积 349.59 平方米，坐北朝南，前后三进，其第二进即为“明三暗四”。在纵轴线上层层递进的三进房屋中，将“明三”做成“暗四”，颇为隐秘。

“六间两厢”型，系在“三间两厢”正房对面设置三间建筑，中间围合一天井，形成上下（前后）六间、左右两厢的布置格局，也就是通称的四合院天井院、四合院、四合头。此类既能独立成院，也可与其他毗邻院落构成院落群，其式与北京、河北、山西、河南及山东等地的四合院十分接近，但空间格局和组合上更趋紧密和紧凑，比如天井比北方的院落明显窄小，也较少北京四合院中的抄手廊。由于天井四面均为房屋，故院落更具内向性和闭合性，空间上也如三合院一样，方向明确，正房的朝向即为正向。

“明三暗四（五）对合”型，由两个面阔相等的“明三暗四（五）”建筑相向对合拼成，形成大小共三个天井。正房朝向为院落空间的正向。上下（左右）厢房的进深并不完全统一，通常正房所附带厢房的进深略大。如若两组“明三暗五”的上下（前后）四间厢房进深一致的话，那么整座院落便呈现十字型轴线的完全对称状[2]。

建筑师李允鉌在《华夏意匠——中国古典建筑设计原理分析》一书中论及中国传统建筑的组群式布局的特点时精辟地指出：“依靠‘数’的增加，将各种不同用途的部分分处在不同的‘单座建筑’中，由一座变多座，小组变大组，以建筑群为基础，一个层次接一个层次地广布在一个空间之中，构成一个广阔的有组织的人工环境。”[3] 扬州、泰州、泰兴、兴化、高邮等旧城区的传统民居建筑，庶几均通过这

[1]
［清］李斗．扬州画舫录［M］．汪北平，涂雨公，点校．北京：中华书局，1960：419 — 420.

[2]
王筱倩．扬州老城区建筑遗产形态特征的整体性研究［D］．江南大学，2012.

[3]
李允鉌．华夏意匠——中国古典建筑设计原理分析［M］．天津：天津大学出版社，2005：130.

泰州市姜堰区溱潼镇朱宅仪门内

样一个个的天井院落，进而组合、拼凑成建筑群，直至连片成群地扩展至街坊、街区乃至整个城区。客观地看，中国传统建筑的组群的空间层次尽管主次分明、引人入胜，但构成其基本单元的建筑单体的平面形式确乎十分单调、单一、拘谨而具有重复性，这也使得传统建筑的形式和格局布置在整体上趋于稳定和沉穆。从苏中诸城区传统民居的类型上看，建筑空间的形式较为丰富，变化也较灵活和多样，不过从其原型即最本质、最初的类型构成看，三合式天井院即三合院是其建筑原型的、先存的“类型”，是历史在“种族记忆”中的投影，来源于历史中的建筑形式，是通过具体形式这种表层结构而存在的一种内在的深层结构，可以说是苏中、苏北地区最普遍的一种建筑类型。这种“原型”在不同时间、空间和使用人群和不同具体条件的制约下，又产生了千家万色的变体，扬州、泰州、泰兴、兴化、高邮等城区的基本住宅平面布置模式，就是“原型”的变体之一。也就是说，“三间两厢”三合院型院落是上述其中院落单元平面类型中的基本构成，其他数类的单元平面庶几皆由此类型生发、演进而形成。如：“一明二暗”型系取消了“三间两厢（三合院）”型的两厢，突出了正房；“明三暗四（五）”型是“三间两厢（三合院）”型进一步朝两翼方向上的延伸和拓展；“六间两厢”型则在“三间两厢（三合院）”型的基础上，再叠加“一明二暗”；“六间四厢”型，系两个“三间两厢（三合院）”型的对合、相向的组合和拼接；“对合二进”型、“明三暗四（五）”型等，无疑是由变化后的“三间两厢（三合院）”型再次相向、对合的拼接和组成。

与东台一样，兴化昭阳镇、沙沟镇等地明清和民国时的建筑遗存也十分可观，如郑燮故居、赵海仙洋楼、陈五房进士第、任大椿读书楼、吴甡故居、刘熙载故居等，形成了明、清、民国等近500年来不同历史时期的建筑脉络。

郑燮故居位于兴化市昭阳镇郑家巷，为南北八间的清代民居。原为茅屋，后改成瓦屋和硬山顶，前后两进，坐北朝南。第一进为门屋，穿斗架结构。正对大门轴线的天井照壁砖雕“福”字。过门屋即为横长状的天井，青砖墁地，东北隅有一六角门，两侧修篁茂盛，壁石与翠竹掩映。第二进正房三间，七檩穿斗式，立柱下均为鼓形柱础。明间正屋南向为退堂式落地格扇门，东、西两间为格扇窗。明间和两侧房间用板壁分隔。东房为郑氏卧室。天井西侧为厨房，设六角形小窗。天井旁的小书斋空间虽显逼仄，但其南有格扇窗、北为六角形花窗，颇显通透玲珑之意。花窗两翼对联“课子小书斋聊可借观鱼鸟，连家新竹枝何须多构湖山”，使人们联想到画家放达的情怀和蕴含其间的生活哲理。院内洞门可抵拥绿园——这是郑氏晚年居住处，其时是处“沟渠映带，竹树荫森”，为邑中佳胜。位于昭阳镇家舒巷15号的赵海仙洋楼，不仅是兴化名副其实的名楼，而且在苏中地区也颇具名声。清末名医赵履鳌（海仙）系高邮名医赵双湖的后裔，此楼集生活起居、行医问诊为一体。楼高三层，共28间房，建筑面积近400平方米。三层主楼飞檐翘角，每层均布置外廊。用木柱分间的室内共以12根硕大的木柱支撑房屋，形成坚固的构架系统。因主楼以仿照欧洲古典建筑样式为主，掺杂和点缀若干传统建筑的元素，故被邑人习称为“洋楼”。“洋楼”的特征也集萃于建筑的构件和内部的装修处理中，如

二、三楼的二道门窗，与扬州何园玉绣楼同式的外开式百叶窗，内里套置玻璃窗，窗框上仿照西式石构建筑般做多层线脚；磨砖地坪用糯米汁清灰勾缝，在底层的东西房内设置壁炉，等等。园门与天井相同，门上嵌额“盂园”、“青云直上”，园中卵石铺地，居中镶福寿纹样。又天井侧凿池叠山如盂，故又名“盂园”。

从整体上看，苏中的楼居数量多于苏北，仅泰、兴两地，就有乔园吹松阁、朱氏住宅（今梅兰芳纪念馆）、高二适故居、任大椿读书楼、赵海仙洋楼、上池斋药店以及王镜湖宅等。形式也较为多元，如昭阳镇儒学街任大椿读书楼占地面积虽俭省，但为二层楼居，故建筑面积达105平方米。仅一院二楼的任宅形态高矗，空间紧凑。与之相似的是溱潼镇小溱湖巷的高二适故居，同为一院二楼，院落逼仄近似过道，故一层堂屋作退堂屋凹口式处理，落地六扇格扇门，两侧高矗而瘦削的木门相向，唯二层楼檐栏杆已运用西式车木工艺制造，从中透露了欧风美雨的气息。不过任宅二层楼檐的栏杆及挂楣等处仍为传统的处理形式。苏中楼居平面布置以一字型和曲尺型为主，空间组合也甚为简略，前者为任大椿读书楼、高二适故居等，后者如王镜湖宅，体型变化不大。建于1926年的泰州白马镇白马庙村王镜湖宅，俗称“湖三房”，现存二层后院和平房数间。曲尺型的平面由两单元组成，每层三间，一层设置长窗，裙板上浮雕戏文花草纹样，格扇精雕细镂。二楼内阳台的铁铸纹样栏杆剖截面为S型，为当时流行之物。20世纪40年代末，共产党海军指挥部在此诞生。还有泰州城北新城渔行板桥街上的过街楼，其楼“架设”于街两侧，上可居住，下可通行。共由两部分组成：前面为过街亭，后面即过街楼，亭和楼高距街面3米，街宽2.5米；亭系四角攒尖式，透空屋脊装饰，小屋瓦面，檐角略翘，东、南两面开敞，置木斫栏杆。楼系硬山顶，砖垒实脊，小屋瓦面，南向八扇隔扇门。该楼凭空横架，精巧别致。

苏中偏南的泰州、南通两地，部分区域如含南通、海门、启东南部为吴语、沪苏嘉小片及启海话区域，尤其明初“洪武赶流”，明廷积怨张士诚而逐苏州民众实淮、扬两郡，故泰州、南通一带受江南沾溉明显，住宅颇具苏式风范。遗存的泰州明代民居外观简朴，清水砖墙，砖缝横平竖直，施白垩（与苏中、苏北建筑最明显的区别），硬山屋面，青灰色蝴蝶小瓦。两山设磨砖博风。屋脊以六或八皮磨细青砖垒砌，出边线实脊有微翘脊饰；前出檐同苏州一样设长短隔扇，后檐砌封檐墙。立面较苏州为低矮，前檐高不出3.6米，矮者3米朝下，脊檩仅高4.21—5.77米。屋面举折平缓，呈上陡、中凹、下翘的形态[1]。泰州宫宅和南通丁古角明代住宅是两地颇具代表性的民居之一。

宫宅位于泰州市公园路，系明崇祯间进士宫梦仁故居，现存东、西两路：东路四进，包

[1] 《中国民族建筑》编写委员会．中国民族建筑（第四卷）［M］．南京：江苏科学技术出版社，1999：152.

括厅屋一进、堂屋三进；西路四进，与东路并列。东路三间厅屋为明构，明间梁架抬梁式，三架梁置荷叶墩、瓜棱形坐斗和山雾云，五架梁安荷叶墩、瓜棱形坐斗及丁头拱和梁垫，同苏式。明间长窗（隔扇门），次间槛墙上置短窗，直棂方格，绦环板透雕海棠纹，柱头卷杀，柱脚垫覆盆式础石，地坪铺敷斜向方砖。南通丁古角明代住宅现存屋舍三间，堂屋面阔 13.1 米，进深 7.4 米，六界七柱穿斗式，硬山顶，住宅外形低矮，屋面平缓，出檐较深。木柱粗硕且收分，柱头作覆盆式卷杀。明间和次间以六片隔断界分开，前后金枋藻饰明式图案纹样，俱皆精湛。

泰州城区价值较高者当数明隆庆年间进士蒋科宅邸。其邸分东、西两路，东路清代建造，砖雕大门，内有两层方阁一座，三面虚敞，有堂屋三间。西路为明代遗构，有楠木厅、穿堂及后楼等三进，两路间为一狭长的火巷。以南的泰兴黄桥镇米巷 10 号系著名地质学家丁文江的祖居，也是苏中偏南有数的宅院。1940 年，陈毅、粟裕率众北上抗日在此设立抗日民主政府——通如靖泰临时行政委员会，1980 年，据此建立新四军黄桥战役纪念馆。丁氏为黄桥世族，建于清代的宅院空间宏敞，邑人多称之“丁家花园”。坐北面南的宅院组群清晰，西、中、东共三条纵轴线统摄全局：东路自南而北依次为大门入口、庭园、多竹堂、庭园、蝙蝠厅、庭园、桂花厅、后园；中路依序为对厅、内院、大厅、内院、蝴蝶厅、内院、内堂；西路为附房、西花园、厅堂、内院和内堂。宅院以中路为主干，现存四进，第二进原为前堂，面阔三间，进深六步架，前后设轩廊，门扇为六幅落地隔扇。第三进的蝴蝶厅深五步架，前联前堂，后通内堂，歇山式屋顶。桂花厅为东路的主体，界分庭宅前后，前与多竹堂间布置蝙蝠厅、小渔舟和游廊等微型园林建筑[1]；大门入口占据三开间的门屋。建筑群各轴线间以中间火巷处横向贯通，如第二进前院（东路）西通内院（中路）、西花园（西路）等。

苏北地区民居类型、形式、亚型、院落纵长横宽比和语言概括如表 6 所示。

[1]
雍振华 . 江苏民居［M］. 北京：中国建筑工业出版社，2009：164 — 165.

表 6　苏北地区民居类型、形式、亚型、院落纵长横宽比和语言概况一览

序号	地区	类型	形式	亚型	院落纵长横宽比	语言（方言）
1	徐州、宿迁	合院	方正、窄纵长	三、四合院、复合院	正方形，纵横近 1∶0.8—1.1	汉藏语系—汉语—北方官话，汉、回通用
2	淮安	合院	方正	三、四合院、复合院	正方形，纵横近 1∶1—1∶0.8	汉藏语系—汉语—北方官话—江淮语支，汉、回通用
3	东台、兴化、高邮	合院	方正，偏横宽	三、四合院、复合院	正方形，纵长，横宽，0.6—0.8∶1	汉藏语系—汉语—北方官话—江淮语支，汉、回通用
4	扬州、泰州	合院	方正	三、四合院、复合院	正方形，偏横宽，近 0.8—1∶1	汉藏语系—汉语—北方官话—江淮语支，汉、回通用
5	南通	合院	方正、偏横长	三、四合院、复合院	偏横宽，近 0.71∶-1∶0.5	汉藏语系—汉语—吴语—沪苏嘉小片—启海话（含南通、海门、启东南部）

三、差异和变调

中国传统民居建筑种类繁多，风格多样。宏阔的疆域和繁复的地理自然条件等的作用力，使其呈现出一体多元的差异性特征。从发生的成因看，地理环境的多样性固然重要，然而这些建筑文化类型的形成还直接受到人文因素的作用。在长期的交融、吸收中，一方面展示出建筑处理的均质化倾向，另一方面又因众多因素，各地又葆有浓郁的地域性特征，空间分异中的“大同”和“小异”并存共荣，形成了绚丽多彩的艺术形式，以及蕴藏其间的风尚、习俗等非物质方面的内因。建筑中的差异指的是有别于该地区通常的建构模式、平面格局和匠作体系等，往往形成鹤立鸡群的意象。东台市安丰镇王家巷鲍氏大楼系鲍氏自徽州来此贸迁而建，自然糅合了徽派建筑的特征；扬州吴氏宅第因户主曾官于宁绍，故其宅富有浙东建筑的风采情韵；徐州户部山翟氏原籍山西，明末至彭城业商，其院落建筑渲染着一股三晋大院的气息。还有扬州市广陵区康山街卢宅，南河下街廖宅、汪宅，地官第汪氏小苑，东关街二马宅院，引市街巴引门宅邸……详见表7。

表7　清代扬州盐商宅院一览

序　　列	盐商姓名	地　　　址
1	黄至筠	东关街316–318号
2	马曰琯，马曰璐	东关街309号
3	安岐	东关街安家巷西
4	汪鲁门	南河下街170号

（续表）

序　列	盐商姓名	地　址
5	廖可亭	南河下街 118 号
6	周靓成	南河下街 26 号
7	包颂溪	南河下街 68 号
8	筑以觞	南河下街 23-1 号
9	贾颂平	大武城巷 1-5 号
10	华友梅	斗鸡场 2 号
11	诸青山	国庆路 342-350 号
12	汪竹铭	地官第 14 号
13	魏次庚	永胜街 40 号
14	魏仲蕃	康山街 24 号
15	卢绍绪	康山街 22 号
16	许云甫	丁家湾 88-90-102 号
17	许公澍	石牌楼 7 号
18	刘敏斋	粉妆巷 19 号
19	刘氏	广陵路 272-276 号
20	毛升和	广陵路 190 号
21	丁乃扬	广陵路 218 号
22	李锡珍	文昌中路 152 号
23	黄履昂	石将军巷 2 号
24	魏源	新仓巷 39 号
25	周扶九	青莲巷 19 号
26	巴引门	引市街巴总门
27	吴引孙	泰州路 45 号

扬州市广陵区吴道台府第入口

由上可知，明清徽、晋、洞庭等商帮的贸迁对各地人居环境的影响是显而易见的。沿大运河一带正是“无徽不成镇”的重点区域。依胡适的说法是，“一个地方如果没有徽州人，那这个地方就只是个村落。徽州人住进来了，他们就开始成立店铺；然后逐渐扩张，就把个小村落变成个小市镇了”[1]。如徽州之歙县，“商之地海内无不至，以业盐于两淮者为最著”[2]。如此看来，因贸迁、迁徙至居留地者蔚为大观。我们不妨再以东台市安丰镇王家巷鲍氏大楼和扬州吴氏宅第为题，进行简要的介绍。

现存的鲍氏大楼是清代鲍氏建筑群（3 300平方米）的部分，位于东台市安丰镇安时路以东、王家巷以南地块，系徽州歙县盐商鲍致远建于道光三十年（1850）的钱庄。主体部分的建筑面积约为411.2平方米，呈横长形，大楼坐西北朝东南。外有两层门楼，正宅主轴线的前后穿堂三进，共计13间。三进中第一进宣忠堂正立面八扇格扇门和旁侧各六扇格扇门均为细木作，第二进四扇格扇门和旁侧各四扇窗牖构成正立面，第三进门楼雕刻精细，入内天井横长逼仄。大楼的正门布置在东隅，进门为宽

[1]
胡适口述自传［M］.唐德刚，译注.上海：华东师范大学出版社，1993：2.

[2]
徽州府志（卷三）·营建志·学校.

2.6 米狭长的王家巷，厅前原设有花园，今已不存。整座楼宇墙垣高矗，两侧山墙升腾跌落，一色的清水砖作，布局井然有序，营造精巧，梁柱用粗硕杉木构成，雕饰既质朴又精细，呈现出明清徽派建筑和苏北地方建筑的融合与相互渗透。从一进宣忠堂前悬挂额“棠樾高风”四字看，此鲍致远系歙县棠樾村著名的鲍氏后裔。

吴氏宅第位于扬州市北河下（今广陵区泰州路 45 号），由时任宁绍道台的吴引孙模仿府衙形制修建于清光绪年间。建筑群占地总面积约 25 亩（合 16 650 余平方米），其中住宅占地约 10 亩（合 6 660 余平方米）。整组宅第坐北朝南，以火巷为界分东、西两单元：东部单元建筑设两条纵轴线，东轴线上尚存门房、西式楼、观音堂、测海楼等。西式楼上下两层，面宽三间，上下各五拱形廊排列，青红砖夹砌。观音堂面阔五间，砖木结构，进深七檩。测海楼上下两层，同样面阔五间，形制仿宁波天一阁藏书楼，一楼辟“有福读书堂”，二楼为藏书处。楼前的东、南、西三面构筑回廊，居中㮶长方形水池，周围以铸铁护栏。水池的东南、西南两角隅各建八角形攒尖式凉亭。西轴线上则保存二门厅、轿厅、爱自轩（大厅）、厨房等。门厅南缘原有照壁，爱自轩大厅与东轴的观音堂齐平，面宽三间，进深七檩，东、西两侧各设一间作穿堂，分别通往后面的庐舍。二进的厨房面阔五间，在其两进的中间用天井分隔，西侧开设边门连通火巷。西部住宅群由三条轴线组成，东轴线前后三进，依序为对照厅、滋德堂（大厅）和住宅。每进之间用外廊连接，其中滋德堂面阔七间，进深七檩，两侧为穿堂，连通后天井。住宅也是面阔七间（明五暗七），同样进深七檩。在其后端原尚建有两层、阔七间的宅院，现已毁，中轴线也仅存第一进。和鲍氏一样，歙县人吴引孙祖先于清乾隆年间贸迁居扬改籍仪征。吴氏以藏书誉闻海内，庋藏宋元以来的珍善及民间坊本共25万卷。自此亦可推测：宅第弃故乡原形转而仿造宁波形制，缘由与动因可能在于天一阁藏书楼，而非因曾任职缘故。实际上，吴氏践行了徽人“易儒而贾，以拓业于生前；易贾而儒，以贻谋于身后”的观念：家业大饶后希冀“易贾而儒”，培养子弟驰骛科场、跻身仕林——摹楼形式举措的底里，汇集了家族众人对门祚恒盛的期望。

1840年鸦片战争以降，中国传统文化在尚没有达到自我扬弃以实现时代转换之际，因遭遇外来文化的撞击而进入剧烈的转型期。中西建筑的折中和杂糅率先在通商开埠城市如上海、天津、汉口、广州等得到体现。这种折中和杂糅通常可以分为中体西用和西体中用两大类。“西体中用”者力主接受欧美科学精神、文化观念等，表现在建筑上的折中、杂糅如细部的传统建筑“语汇”和整体的西方结构与空间形态的结合，以及在中国传统建筑上追求和呈现西洋式的装饰符号。1915年落成的张謇濠南别业，可以视为西体中用的代表。至于中体西用，又可以1917年竣工的濠阳小筑为例。两例相隔仅两年，相距也不远，但风格、理念等差异明显。濠南别业位于南通博物苑的西北向，北门面朝濠河，依园傍水，风格别致，融园景与住宅为一体。其主体为英式四层砖木结构的楼房，坐北朝南，气势宏敞。一楼层高较低，为储藏室和仆人居住处。二楼高敞，主要用于会谈和款客：居中南端的客厅空间宽绰，东西两翼分设一厢房，是为候传室与书斋；北部为议事室、西餐厅。三楼为家庭生活起居之所：东缘为张謇夫妇休憩处，西部为儿子张孝若所居。三楼东、西、南三向设置回廊，南面月台突出。此外，还在三楼专辟一间为祭祀祖先的先像室。四楼为阁楼层。

如果说濠南别业以英伦风格面世的话，那么濠阳小筑则呈现了以中国传统建筑风格为主、部分辅以西方建筑思路和手法的中体西用的折中主义或改良派的价值取向。小筑占地面积 1 860 平方米，建筑面积 1 200 平方米，建筑分东、西两条轴线：西轴为主体建筑，东轴以辅助为主。建筑大致分前堂、后院两组区域。辅入院内，庭院中植栽葱郁，林木葳蕤。居中三开间敞厅作轿厅之用，沿回廊西行即为张氏接待宾客之花厅。其面阔三间，居中客堂。其西南隅有亭翼然，亭名八角，内设壁炉——这座欧式之亭原系棋室，张常在此与友朋手谈和休憩。回廊以北依序为沐浴间、更衣室。北行数米又为一庭院，院中二层砖木建筑即为濠阳小筑的主体——曼寿堂。该堂为张氏夫妇晚年的主要生活区，其中，一楼东向为书斋，居中客厅。二楼为起居空间。除了敞厅、花厅、八角亭、曼寿堂四座建筑以外，濠阳小筑中尚有职员办公处、伙房、餐厅、备餐处、沐浴间、储藏室等一系列辅助用房。这些房屋与主体建筑之间用传统的回廊连贯起来，曲折迂迴，借助各式低垣花墙、漏窗洞门、山石水池和花架植物等的形态、意向和穿插、布置，形成意味浓郁、意境深邃的中国园林胜境。

还可以南通市中心区域的谯楼和钟楼为例，这是建筑师孙支厦 1924 年的设计作品。孙氏参仿英国伦敦议会大钟楼的造型意向，该楼径 18 尺、高 78 尺，为民国南通第一高楼（六层）。其顶层设置成平台，中竖旗杆；第五层为气楼，四周开设百叶窗；第四层外部设廊，以裨监视火情；最重要的第三层的四向外立面设置直径近 1 丈的机械钟，四周为蜗旋纹饰映衬；第二层可供人居，四向设窗牖及阳台；底层四向设门扉，券式。旁侧矗立的谯楼，则为中国传统建筑形式，两座建筑一中一西并置，甚为奇特。

四、藻饰

建筑中的装饰和装修含义相近，但范围和内容又有所区别。一般地看，装饰是针对附加于建筑构件上的艺术处理方式和行为，以建筑为载体，职在美化建筑，它以不影响其结构和功能为前提，虽然未必具有实用性，却也无可或缺。因为户主的地位、身份等需要借助建筑的装饰来体现，这就涉及装饰美化的不同“力度”了。从历史的大尺度上看，奢侈和节俭这对悖论，一直贯穿于中国古代建筑装饰的发展历程中。如果将宫殿、坛庙等宫式和崇祀建筑及其装饰视为古代一种礼制需要的话，那么，分布于各地的民居、园林建筑装饰等“非礼”工程，同样呈现着别样的奢侈。至于各地藻饰豪华的门庭室庐，也并非没有反映出“节俭”的意象——事实上，民居和园林建筑装饰中的俭与奢、节与靡等概念，时刻呈现着“变异”。由是，我们既不能漠视和否认中国古人心目中崇尚节俭、反对奢侈铺张的浓重情结和强烈意识，却也不能忽视众多冠棠出世的官宦商贾和缙绅，包括普通庶民百姓心旌中摇曳的一种求富尚贵的期冀心理。当然其“变异”也许存在着一种时间差：贫寒家庭与

高邮市中山路百岁巷63号民居门头砖饰

节俭相对应，而荣华富贵后是否还能保持本色，拒奢华而向节俭则成为一项繁难的抉择。从装饰的内容和对象看，举凡屋面脊饰、外檐藻饰、墙面处理、大门入口以及其他建筑构件上的雕饰等，均属其范畴。

与装饰侧重于建筑外观有所不同的是，装修则多集中在构件的处理中。具体地说，按建筑的部位，又细分为外檐装修和内檐装修两方面：外檐装修类似于建筑装饰，指的是屋檐下部各种实用或装饰性的构件处理，同装饰具有一定的叠合性，如墙门、库门、门额、半窗半墙的立面及其各式窗牖、雀宿檐和门景地穴等。内檐装修的内容包括屏门、纱槅、碧纱橱、槅扇、飞罩、落地罩、壁柜、铺地墁砖、墙裙等的处理。外檐装修和内檐装修分别聚焦于建筑的外与内，前者着眼于建筑的整体、完整和外观的统一，所用材料、质地、色泽、肌理等大多与建筑用材相关联；后者的功用在于分隔空间、藻饰环境，使室内空间和环境更契合人对生活起居、工作学习等各方面的诉求。通常，外檐装修较为简略，内檐装修趋于细致和繁复，与陈设的关联度更高。

扬州、泰州等地装饰的菁华主要集中在门罩、照壁、壁龛和脊饰上。大中型住宅入口设置照壁、壁龛。巨者为八字照壁，次者一字照壁，更有小微者在他宅墙上用水磨砖或砖雕砌筑。考究的照壁上贴水磨砖，镶嵌砖雕或嵌万纹镶边、居中福字砖雕纹饰。门罩大多用青砖砌筑，亦做成磨砖对缝式。华丽者如扬州东圈门22号何廉舫的壶园八字形门楼，复加斗拱藻井装饰。门宕上端施以砖雕插角，以局部雕镌与大面积平素的砖饰共生辉。如扬州朱自清故居、地官第10号洪兰友故居、高邮镇中山路301号、东台时堰镇冯道立宅、兴化沙沟镇姜雨仁祖宅、昭阳镇郑板桥故居门宕等大致如此。其中又有向奢和从简之分。高邮百岁巷43号、63号民居门罩上以平整的水磨青砖对缝砌筑，四周外凸以万字纹镶边，下端门宕上过梁中央雕镂包袱式锦纹，密密匝匝的高浮雕与上部平素的青砖对缝顿成对比；题材上多见如意、青竹、蝙蝠祥云、暗八仙等纹样。与之突显俭省意向的淮安民居砖雕，门宕已无插角砖，代之而为的却是其过梁底部（面朝门扉）施雕，此种做法仅见于淮安，题材以福、双喜、五福捧寿等为主。除文字外，图案以适合纹样居多，如大板街多子巷3号。

前述泰州溱潼朱宅仪门除了当地常见的门宕插角砖雕外，门罩上分上中下三行分饰盒子砖雕，上行正方形五个盒子，中行长方形三个盒子，下行过梁五个盒子与上行对齐，恰与中行错位。唯下行过梁两翼下端另饰类似插角砖雕般，为作者鲜见。高二适故居门罩上的盒子砖雕基于门扇两端外凸柱体，顶部呈三角状，也属罕见。门宕门罩踵事增华者可推兴化昭阳镇元老府巷3号，门罩过梁深雕草龙纹，俱极精细。其已非简略的插角砖雕处理，而是如叠涩般层层收缩，两端各三四层细长框格内深雕石榴、蝙蝠和梅花纹样，与门框上的鲤鱼跃龙门纹样一体。这种门宕如叠涩般各三四层细长框格的刻雕在兴化沙沟镇程雨仁祖居也大抵如此，与徐、淮近似。扬州砖雕如卢宅门楼分别雕斫《珍珠塔》和《狸猫换太子》，所雕人物动作传神，神态、五官和表情概括细腻，场景刻画颇具地方特色；装饰艺术中的龙与凤往往并列成对（组），即所谓的龙凤呈祥。也常与牡丹配置，是为凤穿牡丹；与太阳并置，构成丹凤朝阳……还有扬州寄啸山房牡丹厅山花以及砖刻雕镌凤纹，整个山面

（山花）纹样繁富，在百花盛开、花团锦簇的山花图案中，凤纹穿插其间与花纹融为一体，使砖雕和山墙面尽显华美富丽的景象。

与江南苏州等地不同的是，江淮园宅墙垣上的漏窗多以青砖和筒瓦构成，故造型相对苏州而言方直线形较多，水磨青砖做法为主，扬州个园、何园、汪氏小苑、兴化昭阳镇郑板桥故居、赵海仙洋楼、泰州市海陵区乔园、高邮镇王念孙故居等，大致仿佛。

一般而言，木构梁架和围护体所形成的建筑空间仅是一个框架，还不能完全满足人们实际生活中多方面的要求。因此，也必然会对原初的空间模式进行深度划分和调整，以形成微分的空间层次和单元，进一步满足人的多方面的要求。就此而言，隔断，便成为空间再划分的具体手段、空间层次创构的载体之一。从其雕镌意匠及其手法上看，由于较少承重或结构上的力学作用，且其位多处于人的目力视域的重要范围，大多精雕细镂以强化建筑的“附加值”和艺术性。

隔扇门作为厅堂外檐的大门，部分厅堂往往设有内外两排柱子，两层柱门，廊内柱间居中安装隔扇门。根据厅堂开间宽窄而定，偶数四、六、八、十、十二扇不等。其构造与形制是：上段装窗棂为隔芯、格眼、花心或菱花，下端装“裙板”，中段即隔芯与裙板之间谓之绦环板。其构造是先制成门扇框，即“边框”，横的称为“抹头”，凡上、中、下三部均用抹头分隔。清代将隔芯做两重，绦环板与裙板多做单层。上述双层隔芯叫夹纱或夹堂，单层隔芯称为实替或糊透，一如《扬州画舫录》所云：“实替一曰糊透；夹纱一曰夹堂。”其高宽比为3∶1至4∶1左右，裙板与隔芯高度比为2∶3。至若隔扇门安装工艺，其述之也详：

"槅以飞檐椽头下皮，与槅扇挂空槛上皮齐，下安槅扇，下槛挂空槛分位，上安横披并替桩分位。挂空一名中槛、一名上槛，替桩一名上槛。安装槅扇，以廊内穿插枋下皮，与挂空槛下皮齐。"对房屋中不同单元的装修，交代也颇为详细："次稍间安装槛窗，上替桩横披挂空槛，俱与明间齐。上抹头与槅上抹头齐，下抹头与槅裙板上抹头齐，余系风槛榻板槛墙分位。"[1]不仅如此，对其细部构件还一一道明，并阐明其工艺特点：

> 所用名物，有上槛、抱框[2]、腰枋、槢柱、边挺、抹头、转轴、栓杆、支杆、槅心、平棂、棂子、方眼、支窗、推窗、方窗、圆光、十样、直棂、横穿、横披、替桩、帘架、荷叶、拴斗、银锭、扣架心、蚂蚁腰，及绦环、滴珠、帘笼、揭板、裙板诸件，单楹、连二楹有差。[3]

不同的材质，施艺要求也有所不同，如楠柏木等隔扇，"以用碧纱厨罩腿大框为上线，以卷珠为上混面，凹面有门尖、花心、玲珑之制；

[1] [清]李斗．扬州画舫录[M]．汪北平，涂雨公，点校．北京：中华书局，1960：409—410. 此处的风槛，门窗架子谓"槛框"，一般有上槛、中槛、下槛、风槛、榻板、抱框及间柱等单元构成。槛墙榻板之上的构件称为风槛。

[2] 抱框，门窗两旁靠柱处所用之立木。转轴，门轴构件，固定于门的边框后，上入连楹，下入单楹。荷叶，墩子，作荷叶形状，用以承帘架挺。栓斗，门关闭时，内里用栓杆栓门，上入连楹，下入单楹．

[3] [清]李斗．扬州画舫录[M]．汪北平，涂雨公，点校．北京：中华书局，1960：409.

槅心有实替、夹纱之分；花头有卧蚕、夔龙、流云、寿字、万字、工字、岔角、云团、四合云、汉连环、玉玦、如意、方胜、叠落、蝴蝶、梅花、水仙、海棠、牡丹、石榴、香草、巧叶、西番莲、吉祥草诸式”，如此考究的活汁，通常须由三个工种的良匠配合完成，“工兼雕匠、水磨烫蜡匠、镶嵌匠三作”。至于槅心中的纹样雕镂如“三交灯球六椀菱花、三交六椀嵌橄榄菱花、丈叶菱花，又三交满天星六椀菱花、古老钱菱花，又双交四椀菱花诸式，则属之菱花匠”[1]。可见其时分工之细，从中也不难看到，清乾隆时期扬州装修形式丰富，形制规范，故清代无锡钱泳在《履园丛话》中有云：“造屋之工，当以扬州为第一，如作文之有变换，无雷同，虽数间小筑，必使门窗轩豁，曲折得宜，此苏、杭工匠断断不能也。”[2]“造屋第一”首先在于分工细致，匠师多各擅其长，各司其职。在述及雕銮、水磨、烫蜡、干磨、包镶、镟匠、水磨茜色匠、雕匠、攒竹、锭铰匠的职能时，李斗所述甚详：

雕銮匠之职，在角梁头、博缝头、顺梁额枋箍头、挑尖梁头、花梁头、角云、拱番草素线雀替、角背、绦环、拖泥、牙子、四季花门簪、荷叶枕檄（墩）、净瓶头、莲瓣芙蓉垂头、柱连楹疙疸楹、雕做荷叶帘架檄（墩）、大小山花结带、麻叶梁头、群（裙）板满雕夔龙凤博古花卉、起如意线、三伏云、素线响云板、菱花梅花钱眼、起线护炕琴腿、圈脸番草云、槅扇眼、象鼻拴、玲珑云板、连笼板、琵琶（原为琶琵，疑误）柱子、荷叶、壶瓶牙子、支杆荷叶、采斗板、伏莲头、燕尾、搯柱，并斗口各科，工用有差。水磨、烫蜡、干磨诸匠，与雕銮互用，皆属之楠木作。……此外包镶匠，别楠、柏、紫檀、海梅、花梨、铁梨、黄杨……镟匠职在鼓心、圆珠帘、滑子、净瓶、大垂头、仰覆莲、西番莲头、束腰连珠、镟牙、粗牙诸役。水磨茜色匠职在象牙净瓶、阑杆、柱子、凹面玲珑夔龙书格、牙子、如意、画别诸役。雕匠有假湘妃竹药栏做法，楠柏木挖做竹子式，挂檐板上贴半圆竹式，竹式有如意云、圆光、连环套、万字团诸名。攒竹匠职在刮黄、刮节、去青、去网成开，做榫卯有十三合头、九合头、五合头攒做之分，胶以缝计。锭铰匠职在铁箍拉扯、大铁叶、角梁、由戗、宝瓶桩钉、刅锭枋梁、钩搭、双爪锚锁提捎、挺钩、钻三四寸钉椽眼连檐、博缝、山花、过木、沿边木、诸锔签锭、斗科升耳包昂嘴、门叶锭、门泡钉、门钹、门桥、铁叶、雨点钉、梭叶、铪铴、双卓（桌）拐角叶、双人字叶、看叶、兽面带仰月千年钓、寿山福海、钌钓、菱花钉、风铃、吻锔、檐网、剪叶、天花钉、

[1]
［清］李斗．扬州画舫录［M］．汪北平，涂雨公，点校．北京：中华书局，1960：409 — 410.

[2]
［清］钱泳．履园丛话［M］．张伟，校点．北京：中华书局，1979：326.

大小黄木条、铜铁丝网、挂网剪碗口……[1]

其他尚有影壁、覆撩（木顶格）、铜料、亮铁槽活、油漆匠、画作（彩画）、装潢匠（分书画装池、装裱和纸裱室内界面之别）、花架、匾等的工艺技术和具体做法，洋洋大观，不一而足。

上述不仅绍及诸工范围、特点，而且在断料、计工两方面一并交代。装饰装修以及室内陈设，包括建筑、园林营造在内诸项品质的优劣和质量高低，一取决于构思创意和擘画设计；二依赖于制作工艺的优良、施工的上乘及有序的调度管理；三在于经济投入、材质和工期宽严等。前者由设计师担纲，后者由工匠承担，另外还取决于雇主。按传统官式营造业的模式，构思擘画主要由擅长界画的艺术家兼任，民间营造或由经验丰富的木工首领兼顾，抑或由雇主负责，并无纯粹的职业设计师。而在实际施工中，一、二方面的决策又往往集于一人。时人有云："估计最尊，谓之料估先，次之大木匠，而锯工、雕工、斗科工、安装菱花匠随之，皆工部住坐雇觅之辈。"[2]在其所述诸工中，唯"大木匠"语焉未详，难测其意。不过"料估先"似乎已说明，这种工作并非人人适合——既要熟稔设计，又对施工用材、消耗和工艺流程和用度管理熟悉，合其二者，也唯有"估计最尊"的"大木匠"能担其重任。而其首要在于断料即"料估先"，断料明确，则计工依据毕现。钱泳在谈及"能主之人"时也指出[3]，首先，"能主之人"须具备专业设计能力："凡造屋必先看方向之利不利，择吉既定，然后运土平基。基既平，当酌量该造屋几间，堂几进，衖几条，廊庑几处，然后定石脚，以夯石深，石脚平为主。基址既平，方知丈尺方圆，而始画屋样，要使尺幅中绘出阔狭浅深，高低尺寸，贴签注明，谓之图说。”如果按上述要求，石涛片石山房类还不能算真正意义上的设计。不仅如此，他们还须做模型：“然图说者仅居一面，难于领略，而又必以纸骨按画，仿制屋几间，堂几进，衖几条，廊庑几处，谓之烫样。”还用厚纸板按比例制成模型即烫样，以增强实际效果和空间感。“苏、杭、扬人皆能为之，或烫样不合意，再为商改，然后令工依样放线，该用若干丈尺，若干高低，一目了然，始能断木料、动工作，则省许多经营、许多心力、许多钱财。”如此看来，营造房屋的“能主之人”，也只能“料估先”、断料和计工之人，即非工匠出身者担纲不能。

分工既细，工艺要求明确，匠师各擅其长、各司其职，兼之断料准确和计工清晰，清中叶以扬州为代表的苏北装饰装修业异军突起，臻于历史的黄金时期和高峰并引领海内，涌现和集中了谷丽城、潘承烈等一批出众的良匠高手。标志之一，便是其与苏州、广州一道，成为乾隆年间内务府之外承办宫廷装修业

[1]
［清］李斗．扬州画舫录［M］．汪北平，涂雨公，点校．北京：中华书局，1960：412 — 413.

[2]
［清］李斗．扬州画舫录［M］．汪北平，涂雨公，点校．北京：中华书局，1960：399.

[3]
［清］钱泳．履园丛话［M］．张伟，校点．北京：中华书局，1979：325 — 326.

务的三个地区。从清档中看，扬州为宫廷制作装修始见于乾隆三十四年（1769）“两淮送到怡情书史斑竹横楣十扇”[1]。嗣后，扬州工匠成为宫廷装修的主要力量之一。如乾隆三十七年（1772）修建宁寿宫时，其花园建筑的内檐装修庶几由扬州的队伍承建。不妨来看以下两份奏折[2]：

乾隆三十九年（1774）四月初四日。奴才李质颖（时任两淮巡盐御史）谨奏：为奏闻事，窃奴才于上年六七等月，接奉内务府大臣英廉等寄信，奉旨交办景福宫、符望阁、萃赏楼、延趣楼、倦勤斋等五处装修并烫样五座、画样一百三张等因到扬。奴才随即遴派熟谙妥商选购料物，挑雇工匠，择吉开工，上紧成造。奴才不时亲身查视，详慎督办，今已告成。……敬将装修五分镶嵌式样雕镂花纹绘图贴说，先行恭呈御览……

乾隆三十九年（1774）八月初一日。……接奉总管内务府大臣英廉发到遂初堂内檐装修烫样一座、画样五张、营造尺一杆。寄字内开：奉旨着交两淮盐政李质颖成造。钦此。奴才随即选购料物，挑雇工匠，择吉开工，上紧成造。……除备文造册呈送工程处造办处查收，听候奏请安装外，敬将镶嵌式样雕镂花纹分别绘图贴说，先行恭呈御览……

另据朱家溍《清代造办处漆器制做考》载，两淮盐政瑞征为圆明园定制室内雕漆槅扇：嘉庆间，两淮盐政为圆明园竹园、接秀山房装修，承办紫檀窗棂200余扇，“周制”木嵌装修等大小百余件。

有关扬州室庐和园林建筑的藻饰及其富丽，据清档《扬州行宫名胜全图》记载，盐商江春所建楼榭宅邸、厅阁亭台共计302间之多，李斗述其厅堂装修云：

> （虹桥东岸江园清华堂）……前建敞厅五楹，上赐名怡性堂。堂左构子舍，仿泰西营造法……绿杨湾门内建厅事……（怡性堂）栋宇轩豁，金铺玉锁，前厂（敞）后荫。右靠山用文楠雕密箐，上筑仙楼，陈设木榻，刻香檀为飞廉、花槛、瓦木阶砌之类。左靠山仿效西洋人制法，前设栏楯，构深屋，望之如数十百千层，一旋一折，目炫足惧，惟闻钟声，令人依声而转。盖室之中设自鸣钟，屋一折则钟一鸣，关捩与折相应。外画山河海屿，海洋道路。对面设影灯，用玻璃镜取屋内所画影。上开天窗盈尺，令天光云影相摩荡，兼以日月之光射之，晶耀绝伦。……至翠玲珑馆，小池规月，矮竹引风，屋内

[1]
清宫内务府造办处档案总汇（第32册）[M].北京：人民出版社，2006：358.

[2]
台北“故宫博物院”.宫中档乾隆朝奏折（第三十六辑）·李质颖为奏闻事.（引自张淑娴.乾隆时期地方制作宫廷内檐装修的特点[J].故宫博物院院刊，2013（6）：98.）

结花篱，悉用赣州滩河小石子，甃地作连环方胜式。[1]

静照轩东隅，有门狭束而入，……壁间挂梅花道人山水长幅，推之则门也，门中又得屋一间，……中有小飞罩，罩中小棹，信手摸之而开，入竹间阁子。一窗翠雨，着须而凝，中置圆几，半嵌壁中。移几而入，虚室渐小，设竹榻，榻旁一架古书，……近视之，乃西洋画也。[2]

装修的种类有落地罩、单地罩、飞罩、碧纱橱、仙楼、栏杆，还有如月门式、八角帐廉式，等等，形式十分丰富，还有各类如屏风、宝座等家具，包括时任两盐政的李质颖于乾隆三十六年（1771）上贡的“紫檀间斑竹万仙祝寿三屏风宝座”等。其装修和家具的主要特点之一，是将木质和多种材质的加工融为一体，比如乾隆二十七年（1762）八月十二日“两淮盐政高恒所进……文木嵌拱璧炕案成对，文木嵌拱璧琴桌成对，文木嵌拱璧炕几成对，文木嵌拱璧绣墩十二个，文木嵌炕香几成对”，所上贡的家具以楠木嵌玉工艺而制成者居多。又如《扬州画舫录》所载，当地的“两屏风，屏上嵌塔石。塔石者，石上有纹如塔，以手摸之，平如镜面”[3]。这种将多种材料与家具、与装修镶嵌结合起来的工艺和做法，在瘦西湖徐园内的棋室中得到印证：条案两侧的壁间，安置着两组楠木嵌青花瓷绘板的屏壁装饰，每组屏壁由六组单元组合而成，单元形式类同槅扇门，上面顶格，往下为壁身，居中近似涤环板，再下为底板、尾间板，上下共五块。瓷板所绘内容大致是：壁身以山水为主，顶格、绦环板处以缠枝牡丹、草龙纹等为主，底板处大都为文玩清供类图像。揣测两组屏壁大约在乾隆至嘉庆年间所制，很可能由六屏联屏风改制而成，为了陈列和展示，遂固定墙壁处，形成屏壁装饰，既清新文雅，又不失精致。笔者在安徽黄山市屯溪区斗山街一徽商宅院的住宅槅扇门中也曾见到此种装饰——槅扇亦由六扇组成，每扇共上、中、下三幅，上下为纵方形，居中圆形，唯尺寸小于棋室所制。四周木雕拐子龙图案等环绕，不过其木质材料较普通。因彼时徽商中至景德镇业贾者众多，因此可推断，此屏壁装修源出扬州徽商之邸。

自乾隆三十五年（1770）后，扬州装修的风格逐渐占据了清廷殿堂厅阁内檐装修的份额——扬式颇为契合皇家的气派和红利的审美趣味，即既有苏、杭、宁江南雅言文化中高雅文士气息，又不失芜城的壮丽气格，华丽、精致、宏畅和高贵的装修赢得了清廷的青睐；盐官和盐商们不断探索统治者的趣味，竭力迎合弘历不尚“媚俗”，提倡“仿古”的圭臬，一如他在御批和诗文中数次表达的审美观：“时样巧嫌俗，古图朴可尊。”[4] 他对广州所制木器颇有微词，称其国语新奇且俚俗：“刘山久从前所做

[1]
［清］李斗．扬州画舫录［M］．汪北平，涂雨公，点校．北京：中华书局，1960：268 — 270.

[2]
［清］李斗．扬州画舫录［M］．汪北平，涂雨公，点校．北京：中华书局，1960：333.

[3]
［清］李斗．扬州画舫录［M］．汪北平，涂雨公，点校．北京：中华书局，1960：287.

[4]
清高宗御制诗文全集（卷六一）· 咏和阗玉四环尊．

兴化市昭阳镇元老府巷 3 号门头砖雕

活计俗气，至今做的活计尤其俗气，著海望申饬，嗣后再做活计，著仿古式雕做，花纹往朴致里做。”[1] 相对于苏州的“巧”、“糯”，扬州建筑和装修显得更加健硕轩敞，较少苏地的纤秀之感。另外，其工匠的匠作体系也与苏州有别，如所用的木尺就有长短之异[2]。加之上下历经接驾和营建驻跸之所积累的丰富经验，对清廷装饰装修的模式早已熟稔，这在《扬州画舫录》卷十七的记载中也可窥其一斑。

张淑娴《乾隆时期地方制作宫廷建筑内檐装修的特点》[3] 一文中谈到扬州匠师为宁寿宫萃赏楼、符望阁、倦勤斋仙楼等处装修尽显“扬式”风格时指出：“萃赏楼紫檀木槅扇，用紫檀木制作，五抹槅扇，槅心用紫檀木雕刻回文槅心框，框内用竹拼接回文，花卡子镶嵌用各种螺钿组成的花卉，槅心中间夹玻璃画，绦环板裙板髹黑漆，上面用金漆描绘花卉图案。符望阁南面东次间开关罩的博古图迎风板，采用的是扬州特有的百宝嵌工艺，以点螺为地，用青玉、白玉、玛瑙、瓷器、螺钿、铜器、硬木、树根等各种材质镶嵌博古图案”，立体感甚强。“符望阁紫檀木落地罩，紫檀木制作，

[1]
清宫内务府造办处档案总汇（第14册）［M］. 北京：人民出版社，2006：438.

[2]
雍正华. 江苏民居 · 前言［M］. 北京：中国建筑工业出版社，2009：11.

[3]
张淑娴. 乾隆时期地方制作宫廷建筑内檐装修的特点［J］. 故宫博物院院刊，2013（6）.

槅心、横披心用紫檀木雕刻回文灯笼框，回文内镶嵌玉片。绦环板、裙板用双色竹丝拼接成万字锦地贴与楠木板上，在绦环板、裙板底板上先刻回文槽，再镶嵌楠木条和玉片”，因楠木条和玉片明显高凸于万字锦地，故其形体层次明显。还有倦勤斋仙楼的紫檀木槅扇处理，其做法与上述大致仿佛，不过此处多采用的是雕斫和嵌贴结合的手法：紫檀木雕回文嵌玉灯笼框，夹纱双面绣，槛窗处用紫檀木条、花梨木条拼接成万字锦地贴在槛窗底板上，再用黄杨木、竹黄刻錾百鹿和百鸟图案嵌贴于万字锦地处。至于远山树木的纹饰，则以薄片竹黄雕镂，层次起伏明显的近景树木用黄杨木雕刻，以补薄片竹黄在厚度和立体感上的欠乏。此外，山鹿丰满的身体和致密的毛发，又采用厚竹黄雕刻。总之，运用多种质感的黄杨木和竹黄、竹丝雕镂和粘贴等手法，使之呈现出一片山林百鹿、鸟语花香的自然景象。

从实例遗存看，建于光绪年间的康山街32号卢宅虽已不复康乾时的盛况，但仍承绪和遥接了昔时的些许做法。其外檐装修集中体现在槅扇和支摘窗处。槅扇门上端多设横风窗，窗棂花格以纹饰嵌玻璃的样式为主，木材多为楠木，雕工精美。内檐中的罩槅、纱槅等纹饰近似槅扇，具有统一性。二层走马楼的栏杆材质壮硕，看面既平且直，与苏州做法迥异。在保存完整的汪氏小苑的装修中，精细与素朴互现。如主要厅堂的梁架做雕镌，其他则予以省略。在槅扇、窗棂等处多用井字形嵌凌式，裙板、夹堂雕刻的纹饰较为丰富；室内的槅扇、槛窗等构件处理较为简略，显得主从分明。

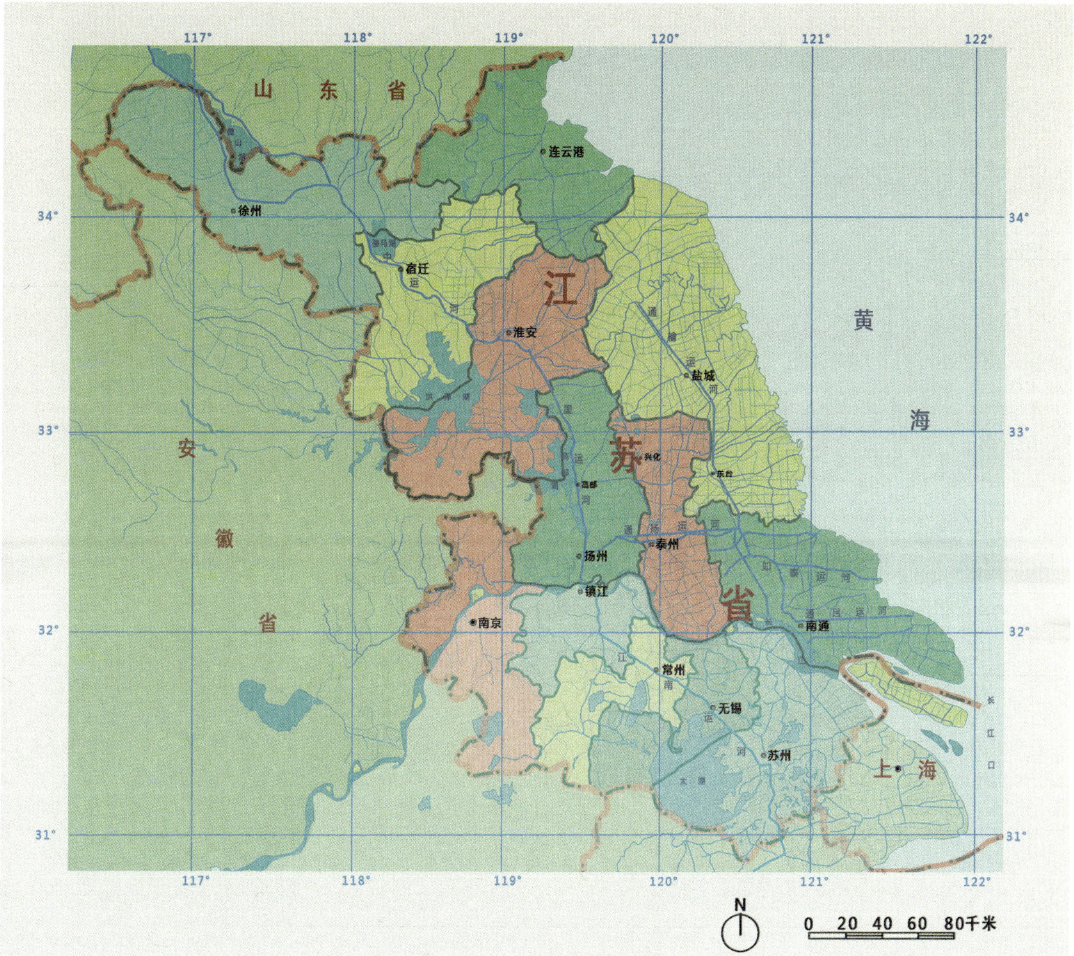

山东省
连云港
徐州
宿迁
江
淮安
盐城
黄
海
安
苏
兴化
东台
高邮
徽
扬州
泰州
镇江
省
省
南京
南通
常州
无锡
苏州
上海
太湖
0 20 40 60 80千米

苏北地图

淮安府衙

新沂市窑湾镇西大街大清邮局（刘宇轩摄）

扬州市广陵区东关街

高邮湖畔

扬州市广陵区东圈门

高邮市高邮镇北门大街竹篾店

泰州市学政试院东辕门和东吹鼓亭（邬丹摄）

新沂市窑湾镇西大街赵信隆酱园店（刘宇轩摄）

康奈尔大学杰逊博物馆藏东汉陶制楼阁模型

徐州博物馆藏韩山东汉墓出土陶楼

徐州市云龙区户部山民居

徐州市云龙区广大北巷 17 号李可染故居

李可染故居门洞外

扬州市广陵区地官第汪氏小苑第一进

扬州市广陵区康山街卢宅内宅楼

扬州市广陵区吴道台入口大门

兴化市板桥东路 51 号郑板桥故居（邬丹摄）

兴化市东城外家舒巷15号赵海仙洋楼第三进（邬丹摄）

兴化市东城外大街 10 号上池斋药店（邬丹摄）

南通市区塔楼和谯楼（费凡摄）

南通市区张謇故居主楼（费凡摄）

高邮市高邮镇中山路百岁巷63号民居（刘宇轩摄）

扬州市广陵区何园玉绣楼

何园玉绣楼书斋

扬州市淮扬区瘦西湖棋室

扬州市广陵区安乐巷朱自清故居

扬州市朱漆描金百寿雕花门罩架子床

泰州市海陵区乔园（日涉园）吹松阁（邬丹摄）

扬州个园

兴化市缸顾乡东旺村千岛菜花景区（邬丹摄）

高邮市高邮镇馆驿路盂城驿

高邮市高邮镇盂城路奎楼和城墙

兴化市昭阳镇武安街 13 号李园船厅（邬丹摄）

泰州市姜堰区溱潼镇李氏宗祠（邬丹摄）

兴化市沙沟镇后大街清代厕所（邬丹摄）

新沂市窑湾镇西大街（刘宇轩摄）

如皋市如城镇东大街（郧丹摄）

新沂市窑湾镇城门（刘宇轩摄）

第四章 / 园林景观、建筑和文化遗产

一、园林

明中叶后扬州私园大量涌现，名园迭出。著名的如皆春堂、江淮胜概楼、竹西草堂、康山草堂、行台西圃、荣园、休园、影园、小车园和偕乐园等，多为建在城内及附郭处的宅园和游憩之园。晚明寓居扬州的徽商郑氏兄弟在此修筑了四座园林，其中以休园、影园最具规模和水准。位于西城墙外护城河南湖中长岛南端的休园，系郑元勋延请计成主持设计于崇祯七年（1634）。面积虽仅5亩，却以小见大，别出机杼，“前后夹水，隔水‘蜀冈’蜿蜒起伏，尽作山势，环四面柳万屯，荷千余顷，萑苇生之，水清而多鱼，渔棹往来不绝。春夏之交，听鹂者往焉。以衔隋堤之尾，取道少纡，游人不恒过，得无哗。升高处望之，‘迷楼’、‘平山’皆在项臂，江南诸山，历历青来，地盖在柳影、水影、山影之间”[1]。故命园之“影园”。该园“回廊曲径，疏蹙架岩，虽在阛阓中，俨超物外，一时交游冠盖之盛，尤多名迹”[2]。

清代扬州是康、乾南巡必经之重镇，诸盐商极物力以供其宸赏。乾隆十六年（1751）弘历南巡至此竟到过 18 家徽人的园苑中——这也是苏、杭诸园难以望其项背处。方辅在为《扬州画舫录》作的《题画舫录》中所谓的“湖山十里锦为攒，画舫清歌兴未阑。付与游人说殷盛，名园记在尽详观”[3]之句，亦并非夸饰。昔芜城之园如“（江春）……居南河下街，建随月读书楼……于对门为秋声馆……徐宁门外鬻隙地以较射，人称为江家箭道。增构亭榭池沼，药栏花径，名曰水南花墅……东乡构别墅，谓之深庄……北郊构别墅，即是园……丁丑改为官园，上赐今名。移家观音堂，家与康山比邻，遂构康山草堂……又于重宁寺旁建东园，凡此皆称名胜”[4]。徽商程梦星经营和扩建的“篠园”本为小园，“……园方四十亩……康熙丙申，翰林程梦星告归，购为家园，于园外临湖濬芹田十数亩，尽植荷花，架水榭其上。隔岸邻田效之，亦植荷以相映，中筑厅事，取谢

[1]
［明］郑元勋．影园自记 // 中国历代名园选注［M］．陈植、张公弛，选注．陈从周，校阅．合肥：安徽科学技术出版社，1983：221.

[2]
中国地方志集成・江苏府县志辑：光绪增修甘泉县志（一）［M］．南京：江苏古籍出版社，1991：460.

[3]
［清］方辅．题画舫录 //［清］李斗．扬州画舫录［M］．许建中，注评．南京：凤凰出版社，2013：449.

[4]
［清］李斗．扬州画舫录［M］．汪北平，涂雨公，点校．北京：中华书局，1960：274.

康乐‘中为天地物，今成鄙夫有’句，名今有堂。种梅百本，构亭其中，取谢叠山‘几生修得到梅花’句，名修到亭。凿池半规如初月，植芙蓉，畜水鸟，跨以略约，激湖水灌之，四时不竭，名初月沜。今有堂南，筑土为坡，乱石间之，高出树杪，蹑小桥而升，名南坡。于竹中建阁，可眺可咏，名来雨阁。又筑平轩，取刘灵预《答竟陵王书》‘畅馀阴于山泽’语，名畅馀轩。堂之北偏，杂植花药，缭以周垣，上覆古松数十株，名馆松庵。芍山旁筑红药栏，栏外一篱界之，外垦湖田百顷……是时红桥至保障湖，绿杨两岸，芙渠十里……”庚申（1740）冬，程“复于溪边构小亭，澄潭修鳞，可以垂钓，莲房芡实，可以乐饥。仿宋叶主簿杞漪南别墅之名，名之曰小漪南”[1]。其他尚有汪懋麟建于东关街的“爱园”，易谐的“抱山堂”，吴均的“青棠观”，徐赞侯在南下街的“晴庄”、“墨庚学甫”、“交翠林”，陆钟辉的“放鸭亭”、“中爽茅亭”，等等。是书卷十二还记载了兄弟共筑的园苑，著名的有与画家黄宾虹同村同宗的黄家，郑家以及“二马”兄弟。如黄氏园林：“黄氏本徽州歙县潭渡人，寓居扬州。兄弟四人，以盐筴起家，俗有四元宝之称。晟字东曙，号晓峰，行一，谓之大元宝。家康山南，筑有易园……易园中三层台，称杰构。履暹字仲升，号星宇，行二，谓之二元宝。家倚山南，有十间房花园……四桥烟雨、水云胜概二段，其北郊别墅也。履昊字昆华，行四，谓之四元宝，……家阙口门，有容园。履昴字中荷，行六，谓之六元宝，家阙口门，有别圃。改虹桥为石桥。其子为蒲筑长堤春柳一段，为荃筑桃花坞一段”[2]等，不胜枚举。

扬州园林著者一曰个园，一曰小盘谷。前者初称寿芝园，嘉庆二十年（1818）两淮盐总黄至筠购入后扩建，因其号个园，又园内竹叶形似“个”，遂易名。全园占地1.2万平方米，以叠石立意精巧和雄伟弛世。园内建筑布置错落有致，可驻足，能贯通，有过渡，功能各异，与山石、水池交相辉映。后者大树巷内的小盘谷堪称扬州小微园林的杰作。该园以湖石假山为主，山下有曲洞，绕道而行，进入一条回廊，尽端紧接山谷。山峰下、水池边，凌空架起一石梁，通向水阁凉亭。园中山石奇突，从山的对面详审细观，似有坐、立、卧、跃等姿态的狮子九只，故名九狮山。山的背面为花墙，自南而北，上下起伏如游龙，墙上月洞造型多姿多彩，可隔墙赏景。水阁、小轩和大厅毗连，建筑清雅精致，阁侧尚有山石花木，阁前临水，白昼可观鱼，夜晚可赏水中明月，别有情趣。同时，小盘谷还具小中见大的意匠和构园特质，陈从周曾说道：“园中的建筑物与山石、山石与粉墙、山石与水池、前院与后院等配置，利用了幽深与开朗、高峻与低平等的对比手法，形成一时此分彼合的幻景。花墙间隔得非常灵活，山峦、石壁、步石、谷口等的叠置，正是危峰耸翠，苍

[1] ［清］李斗．扬州画舫录［M］．汪北平，涂雨公，点校．北京：中华书局，1960：343 — 345.

[2] ［清］李斗．扬州画舫录［M］．汪北平，涂雨公，点校．北京：中华书局，1960：290.

岩临流，水石交融，浑然一体。园内虽无高楼奇阁，但幽曲多姿，浅画成图。‘以少胜多’的园林设计法，在扬州以此园最有代表性。”[1]

诸园中园龄最短、保存又较完整的当推寄啸山庄。此园原系清乾隆时双槐园旧址，光绪九年（1883）为道台何芷舠扩建，故又名何园。是园占地 14 000 多平方米，建筑总面积 7 000 多平方米，厅堂 98 间。分东西两大部分，用游廊连接：东部自新门进入，内为八角园门，过小花园即到花厅，北面为楠木船厅，又称四面厅或玻璃厅。船厅北缘贴墙一迭湖石假山，山之东北一隅有一六柱小亭，山西北为阁楼和半月台，与西侧复道廊连通，由假山蹬道可至楼台。船厅廊西还有一门，门额题刻“寄啸山庄”四字，园名取自陶渊明《归去来辞》中的“倚南窗以寄傲”、“登东皋以舒啸”诗句，抒发了园主对退隐田园、弗理政事的内心感悟和向往。西部一泓水池居中，池北为七间楼厅，因形似蝴蝶形态，又通称蝴蝶厅。池西湖石假山，峰峦起伏，有小径直通楼厅，楼旁连以复廊，在水池四周构成了一组环绕山石与廊楼的通道，可登临鸟瞰园景。池东为四角攒尖式的水月亭，由南北向筑桥相接。另在西假山隐处和池西南亦各有楼厅一座。园中长达千米的廊道，连接起西、东园和园居单元，绕廊赏景，步移景异，高低错落，有“楼建于山”之意。复道，则被誉为中国立交桥的雏形。研究者称此串楼廊道的构建手法为“江南园林的孤例”。“寄啸山庄中凿大池，池北楼宽七楹，主楼三间突出……楼旁连复道廊可绕全园，高低曲折，随势凌空。中部与东部又用此复廊分隔，通过上下两层壁间的漏窗，可互见两面景色，空透深远。池东筑水亭，四角卧波，为纳凉演剧之所。”[2] 在何园的南缘，布置回字型构图的“玉绣楼”，贯通呈走马楼、歇山顶、拱廊、百叶窗、壁炉、瓷砖、铸铁构件、车木栏杆等的大面积运用，欧风美雨浓郁。楼中分园主卧室、书斋、小姐闺房、起居室、芷虹斋等。

兴盛的扬州吸引了多地艺术家和造园家来此献艺。李斗曾历数高人名手：“扬州以名园胜，名园以垒石胜。余氏万石园出道济手，至今称胜迹。次之张南垣所垒‘白沙翠竹’、‘江村石壁’，皆传颂一时。”[3]又据时人钱泳所言：扬州新城花园巷，又有片石山房者，二厅之后，湫为方池。池上有太湖石山子一座，高五六丈，甚奇峭，相传为石涛和尚手笔。两文中的道济即清初画家石涛，所作现仅剩片石山房，在今寄啸山庄（何园）中。垒石名手张涟，其所构之园以“李工部之‘衡云’、卢观察之‘预园’，王奉常之‘东郊’，钱宗伯之‘拂水’，吴吏部之‘竹亭’，为最著”[4]。马曰璐在《小玲珑山馆图记》中写道：“于是鸠工匠，兴土木，竹头木屑，几费经营。掘井引泉，不嫌琐碎。从事其间，三年有成。……将落成时，予方拟榜其门为‘街南书屋’，适得太湖巨石，其美秀与真

[1]
陈从周．世缘集［M］．上海：同济大学出版社，1993：149.

[2]
陈从周．世缘集［M］．上海：同济大学出版社，1993：149.

[3]
［清］李斗．扬州画舫录［M］．汪北平，涂雨公，点校．北京：中华书局，1960：40.

[4]
［清］吴伟业．梅家村藏稿·张南垣传．

州之美人石相埒，其奇奥偕海宁之绉云石争雄，虽非娲皇炼补之遗，当亦宣和花纲之品，……余不惜资财，不惮工力，运之而至。甫谋位置其中，藉作他山之助，遂定其名‘小玲珑山馆’。”[1]

名声至大者无疑是保障湖。是湖历经千年的废淤兴建和经营沟通，至明清而成狭长曲折、风姿清丽的名胜。清代汪沆将其与杭州西湖作比较，曰：“垂杨不断接残芜，雁齿虹桥俨画图。也是销金一锅子，故应唤作瘦西湖。”自此，瘦西湖取代原保障湖之称。该湖总面积 103.7 公顷，水面面积 49.9 公顷，生态优越。现湖自史公祠向西，从御码头始沿湖过冶春、绿杨村、红园、西园曲水，经大虹桥、长堤春柳、徐园，至小金山、钓鱼台、莲性寺、白塔、凫庄、莲花桥等，复往北至蜀岗平山堂、观音山止。湖长蜿蜒十余里，宽不及 100 米，人行窈窕曲折的湖道，宛如画中——一幅徐徐展开的青绿山水手卷，既有美妙至极的生态自然景致，又锺接和点缀了众多私园别业，韵致盎然。该湖系用中国古代构园艺术的手法，因地制宜地在两岸建造了众多亭台楼榭，遍植柳杨荷芦。盐商不惜花巨资仿京师北海白塔筑于湖畔，取悦龙颜。故清人刘大观在遍观江南山林后，拈得“杭州以湖山胜，苏州以市肆胜，扬州以园亭胜”的判断，认为“三者鼎峙，不可轩轾”[2]。稍后金安清观扬州时虽已无盛景，但还是较客观地评析了江南诸城山水园林之短长，指出：

江宁、苏州、杭州，为山水之最胜处。江宁濒临大江，气象开阔宏丽，北城林麓幽秀，古迹尤多。苏州则以平远胜，所谓山温水软也。太湖诸山非不蒨美，而蹊径率不深。惟杭州之西湖，则烟波岩壑兼而有之，里山尤深邃曲折，四时皆宜，金陵、姑苏不能不俯首矣。扬州则全以园林亭榭擅场（长），虽皆由人工，而匠心灵构，城北七八里夹岸楼舫无一同者，非乾隆六十年物力人才所萃，未易办也。……（嘉庆朝）计全局尚存十五六。……然天宁门城外之梅花岭、东园、城关清梵、小秦淮、虹桥、桃花庵、小金山、云山阁、尺五楼、平山堂，皆尚完好。五、六、七诸月，游人消夏，画船箫鼓，送夕阳，醉新月，歌声遏云，花气如雾，风景尚可肩随苏杭也。[3]

始建于明万历年间的如皋县水绘园，是唯一一座依城而建的私家园，手法独特。园中波烟淼淼，隐映如绘，宛若一幅幽静清雅、意蕴空灵的山水画，也是“秦淮八艳”之一董小宛与“明末四公子”冒襄的栖隐之处。是园“中构妙隐秀林，一墨斋，枕烟亭。寒碧堂，洗钵池，小浯溪，鹤屿、小三吾、月鱼基，波烟玉亭，湘中阁，悬霤山房，因树楼，涩浪波，镜阁、碧落庐……”[4]除了园中掩映的林木，参

[1]
顾一平．扬州名园记［M］．扬州：广陵书社，2011：138.

[2]
［清］李斗．扬州画舫录［M］．汪北平，涂雨公，点校．北京：中华书局，1960：151.

[3]
［清］欧阳兆熊，金安清．水窗春呓·广陵名胜［M］．谢兴尧，点校．北京：中华书局，1984：46.

[4]
［清］（乾隆）如皋县志．

扬州市广陵区徐凝门路何园鸟瞰

差的亭榭和环流曲水，以及山亭独立等外，还“尝于其中高会名流，开樽张乐”[1]。寒碧堂即为冒襄从事戏曲活动的主要场所，古城墙内、碧宛湖中的“小三吾”亭为彼时冒氏日常演戏观戏的场所之一。陈维崧《小三吾唱和诗序》云：“小三吾，亭名也。亭在鹤峙上方，元次山结而小之也，为亭为峙，皆水绘庵中之胜处也。水绘庵者何？如皋冒辟疆先生之别业也。戊戌十一月陈子自娄江拿舟访先生，先生馆于小三吾，而日与赋诗饮酒焉，小三吾倡和所由名也。”[2] 其晚年起居及会客之所“匿峰庐”。匿峰意为“晦身藏神，离世返真”，以示其清、靖、退的思想情操。晚年的容安草舍始建于清康熙十六年（1677）。“容安”取自陶渊明的《归去来兮辞》中“倚南窗以寄傲，审容膝之易安”，由扬州画派的李鱓书写题额。明亡后，冒氏隐居山林，筑舍“壹墨斋”，壹，即未一，默，为沉默。还有曾置《兰亭集序》的枕烟亭，亭后竹林蓄鹅数只，常于此盘桓。

初建时间早于水绘园的泰州日涉园位于现海陵南路和八字桥之间，初为太仆寺卿陈应芳建于明万历二年（1574），是苏北地区现存最早的古典园林，取晋陶潜《归去来辞》中“园日涉已成趣”一句而命名。清康熙初归田氏，雍正间归高凤翰，因园内有三石笋，清嘉庆二十一年（1816）易名三峰园。咸丰八年（1858）由吴氏所购，称为蛰园。后为两淮盐运使乔松年所得，易为乔园。园以山响草堂为主体，四面虚敞，飞檐翘翼。堂前凿池叠山构成主景，北隅辟庭园。堂前水池如带、山石环抱，主峰上立三石笋傲然耸立，一反常规竹石组合旧规。池上跨小环洞桥及石梁，过桥入囊云洞，曲折蜿蜒山间。山巅以西为半亭，东缘幽谷间为数鱼亭。草堂北端（背面）有绠汲堂、松吹阁、因巢亭、文萃堂等。该园历经明、清、民国等数度易乎，增其以制，尤其在花木植栽的配置上颇见意匠：全园突出古柏，以高松、梅林为辅，山坳水曲处多植天竹，万竹摇翠；庭前多栽腊梅、桂树、厅堂间歇植修篁、芭蕉，花坛内间植牡丹和芍药，以花木植栽的变化来反映四季的景象和形态。

北缘淮安的园林营构也颇有特色。据山阳阮葵生称："依绿园在萧湖，中有云起阁、曲江楼最宏丽。黄甫及鸿胪兰岩观察之舫阁、止园、梅花岭，……（勺湖）勺湖草堂则水面数椽，讲学论文之所。其春风亭、瓣香书屋、鲁呗亭，皆门弟子所增葺也。……（湖嘴）杜首昌湘草之绾秀园在湖嘴，有挥麈亭、如如室、天心水面亭，在湖中，极亭台花木之盛。……沈厚肇之移云堂，崖鸿胪之春水楼，在湖嘴。"[3] 清中叶时山阳园景名胜鳞次栉比，位于河下镇南、运河东侧的萧湖素为古淮安三湖胜景之一。该园面积 20.8 万平方米，水面占 77%。唐宋以来，湖畔筑有寺庙、祠堂、会馆等。明清以降，造园兴起，建有帆影楼、曲江楼等多

[1]
［清］王周臣．同人集·冒巢民先生五十寿序 // 四库全书存目丛书·集部（第 385 卷）［M］．济南：齐鲁书社，1997.

[2]
［清］陈维崧．同人集·小三吾唱和诗序 // 四库全书存目丛书·集部（第 385 卷）［M］．济南：齐鲁书社，1997.

[3]
［清］阮葵生．茶余客话（卷二十一）·淮屋［M］．李保民，校点．上海：上海古籍出版社，2012：557 — 558.

处，既为士人墨客和官宦商贾的聚集之所，也是景色优美的胜地。乾隆时邑人邱兢在游记中写道："郡之北郭有水滢然，曰萧湖。湖之北，舍舟步行，不五六里，曰后湖。湖与运河止间一堤；南始伏龙洞，北抵钵池山，东绕盐河一带，周环约十数里，淮之胜境也。……买舟于菰蒲曲之港口。……舟行数十弓，左转右桥，云影波光，千顷一碧。济南大明湖、杭州西子湖，向之叹为澄涵沱澹者，仿佛遇之。于是载沉载浮，与波上下，推篷四望，旷然神怡。钓艇横烟，遥歌断续，菱汊也；蔬篱茅茨，数家掩映，蒲洲也；禅林道院，隐隐丛丛，柳湾也；绿树红桥，蔼蔼宛宛，爱莲亭也。亭四面皆种莲花，故因以名，风景清绝，冠全湖之胜。"[1] 将其秋景及名胜描述得凝练而余味无穷。以水见长的萧湖中，尚存漂母祠、韩信钓台和枚亭等古迹。

淮安勺湖园由文通苑和勺湖组成。但见一泓碧波旁古迹遗构散布：勺湖书院内存蝴蝶厅，后侧临水之春风亭系清代进士阮葵生讲学之所，还有著名的勺湖草堂，为清初阮学浩所建之私塾，也是士夫讲学会文之地。草堂三面环水，轩榭回廊，临水蒲柳，绿荷芦苇丛生，颇具田野风情。

二、乡村景观

与大小宅园、郊园等各类私园不同的是，苏北平原中的乡村景观以其开放的形态、多样的地理空间以及自然质朴的田野风光和农业系统，形成了更大规模、更具自然意味的农业乡村景观。唐宋时，泰、兴、东一带还是一片濒海地区，先民们一方面围堰抗海、蓄淡，一方面从沼泽中取土、堆田，日积月累，堆积如垛。基于水乡泽国的地理条件，种植的农作物以及多类水生植物、野生植物等，使之水草丰美，水景变化多端，从而形成了平原上奇异无比的垛田景观。千亩垛田好比无数个土墩漂浮在广阔的水面中，云燕霞蔚，壮丽而奇妙。兴化缸顾乡、乌巾荡二处因已开发为旅游点而广为世人所知晓——前者在电视纪录片《舌尖上的中国》第 7 集的电视节目中，重点介绍了垛田形成及其所产的龙香芋头、小香葱等特色农产品。千岛菜花景区暨《江苏兴化垛田传统农业系统》被国家农业部于 2013 年认定为“中国重要农业文化遗产”。每年清明节前后辽阔的水面上，千姿百态、一望无际的垛田幻化成了千余座湖中小岛——座座岛屿上盛开着金黄色的油菜花，在水面上形成一片金黄色的“花海”。2014 年 4 月意大利首都罗马举行的联合国粮农组织全球重要农业文化遗产专题评审会中，兴化垛田传统农业系统被列入全球重要农业文化遗产，成为江苏省首个入选的农业系统项目。每年 4 月 3 日—5 月 3 日，举

[1]
［清］（乾隆）淮安府志·游爱莲亭记.

行以“相约美丽兴化，畅游千垛花海”为主题的千垛菜花旅游节。“乌巾荡”与前者相似，然此处水面更为广阔，若乘坐渔船游弋在纵横多端的水道中，当能领略到大自然的奇妙造化、祖先们勤劳的实践和富于智慧的农业生产文明的结晶。

近代到中国的外国人从不同角度对中国、苏北进行考察，基于不同的目的和重点，他们眼中的苏北景象也各不相同。军人曾根俊虎身负谍报重任，观察细致和深入，如兴化城外：“耕地漠漠，村落不见树木，唯大小河渠四通八达，舟行至便。八点借风扬帆而行，所见仅是茅屋。……船沿着东面城墙前进。河宽七十余米，河深六七尺，水色稍浑，泊舟如织。左边家屋宏壮，行人杂沓，可见殷富繁荣之景象。右边为耕地，远近有村落。既而绕到城的背后，朝西北方向前行，有一片周围数百米的湖水，平波渺漫，帆舟点点，白鸥双双。回首望去，临水楼阁，涵城碧水，其景色虽不及西湖、黄鹤、蓬莱之佳趣，而足慰吟怀。”他不仅记录了兴化四周地势低卑、河水相连和四面茫漠的地景，而且对其推测也十分准确：“想必此地往昔是一片湖水，年岁既久，自然变化，而成如今模样。”即便水乡湖区，“水虽不甚深，也不怎么浅，河宽从十二三米至三十七八米，五马力以下的蒸汽船足以来往……各处河渠纵横，更见水利之便”。湖面上“唯有短荻叶绿，微风软软，鱼跃浅水，白鸥翩翩”。一旦夏初梅雨季节，则“必然雨水漫溢，浩荡十里之间，水天相连”[1]。还有长期遭受黄泛之痃的赣榆、沭阳、安东（今涟水）、阜宁等地，水浸失收，导致土地贫瘠、壤荒户寡。对此，明代张瀚所记徐淮地区的情形可资佐证：“村落仅存高阜之十一，余皆巨浸波涛，舟船无岸可傍，停于水中。官民舍宇，尽皆凌弱，一望渺然，惟数峰巅而已。”[2] 水患如此，春旱时季又是另一番景象。日海军谍报员于 1876 年 4 月 21 日从阜宁县北渡黄河，对所经过的村落、地形、气候、物候、物产、风俗、城郭和炮台兵丁等记录详尽，在述及该地春旱时说道：“……（阜宁）西北方向耕地茫茫，宛如大湖。右边青畦满目，左边多有茅屋。因为缺水，地上挖有许多深坑，以蓄积雨水。……曲折而前数里，经过一片稀疏的树林，……眼前是平漠不毛之地，土地贫瘠，草木不生，土地有浓重的盐霜，更不见有行人”[3]——除了近海“土地有浓重的盐霜”这一客观因素外，因缺水田土竟成了不毛之地。

又如上冢司 1918—1919 年间受“满铁”委派、外务省和农商务省共同委托的形式调查南通，在 1925 年的《以扬子江为中心》的报告中述及从崇明至海门时这样写道：“过了崇明城后，朝着鸥鸪港出发。沿着平原上平坦的道路向西走……道路两侧麦苗有三寸多高，显示出了土地的肥沃和气候的温和。放眼望去，辽阔的平原到处点缀着杨柳和人家。人家居住的

[1]
〔日〕曾根俊虎．北中国纪行·从野马村到到张家渡［M］．范建明，译．北京：中华书局，2007：204 — 208.

[2]
［明］张瀚．松窗梦语（卷二）·北游记［M］．北京：中华书局，1997：30.

[3]
〔日〕曾根俊虎．北中国纪行·从阜宁县渡黄河到安东县［M］．范建明，译．北京：中华书局，2007：215.

地方，环绕着一团一团的茂密的树林和紫色的暮霭，正是我想象中的古国的风光。耕地整理得很好，很平坦，灌溉用的小运河规则的纵横交错着。冬天长满小麦的田地，夏秋的时候就成了著名的南通棉的生长地，开花的时候，呈现出万顷白雪堆积的壮观场面……沿着海门市西部的平坦的道路奔驰。道路沿着小运河伸向西北方，道路两旁是清一色的小麦田和菜园。灌溉用的小河纵横交错，河面上白色帆影闪现……绿色的柳树、杉树、竹子等点缀在麦田的间隙。路旁坐落着瓦屋顶白墙面的漂亮房子，可以明显看出这一带的富裕程度。面向道路最远的地方还设有厕所。坐在带扶手的椅子上，看着村里人或行路人来来往往，衔着长烟袋，悠悠闲闲地过着充足的生活。这些是在村落或小镇的附近，经常可以看到的悠闲景象。”[1]

三、建筑和构筑物

中国古代建筑庶与屡建屡毁、不易保存同义。据阮葵生称，清初淮安“国初淮郡三城，园亭山庄著名者甚多，今其遗址，皆不尽存，后来名流所居，间见于诗文者，其地亦多无可考，以予所知者，略识于此：（驸马巷）张养重虞山之古调堂，刘勃安昭华之绿筠草堂，……陈曾余明经之墨庄、潇碧亭，……”[2] 现存镇淮楼东路的楠木厅系明末清初所构，原为清末周氏五进宅院。第二进三间堂厅横阔 14 米、进深 9 米，双层屋面设前檐廊。第三进为三间厅房，四柱分别以松、柏、桐、椿作材，取谐音“松柏同春”厅。

沿运名闻遐迩的楼、亭、塔、幢、亭如高邮盂城驿鼓楼和高邮镇国寺塔、淮安镇淮楼、文通塔，文游台、奎楼，扬州四望亭等数量众多。其中，镇淮楼名意在锁镇泛滥的淮河，原为南宋都统司的酒楼，明代为谯楼，现存为光绪七年（1881）复建。该楼坐北朝南，位于镇淮楼西路和南门大街、上坂街及围墙巷交汇处的淮安县旧城中央。楼通高 18.5 米，砖台底座，东西长 26 米，南北宽 14 米，高约 8 米，自底基部分往上渐次收缩而略呈梯形状，形态敦实厚重，占地共 833 米。台正中为拱门，台侧设置登的楼砖踏步，台上四周回廊栏杆。砖台居中为二层三开间楼宇，屋顶为重檐九脊式，雄伟而古朴，登斯楼可尽览淮城风貌。风格独特的土台建筑文游台位于高邮城东北隅的东山顶上，是一座面阔五间、进深四间、重檐歇山板瓦顶的二层楼厅，下有一座面阔、进深均五间、单檐歇山板瓦顶的殿堂，上下平台分置花境和植栽。此台系为纪念苏轼与孙觉、王巩、秦观等在此唱酬而始建于北宋，宋时就享誉天下。南宋俞德邻在《过高邮新开湖》一诗中以“十幅蒲帆风力饱，回头烟雨暗文游”之

[1]
〔日〕野泽丰．日本文献中的张謇和南通 // 南京大学外国学者留学生研修部，江南经济史研究室．论张謇——张謇国际学术研讨会论文集［M］．南京：江苏人民出版社，1993：146 — 156.

[2]
［清］阮葵生．茶余客话（卷二十一）· 淮屋［M］．李保民，校点．上海：上海古籍出版社，2012：557 — 558.

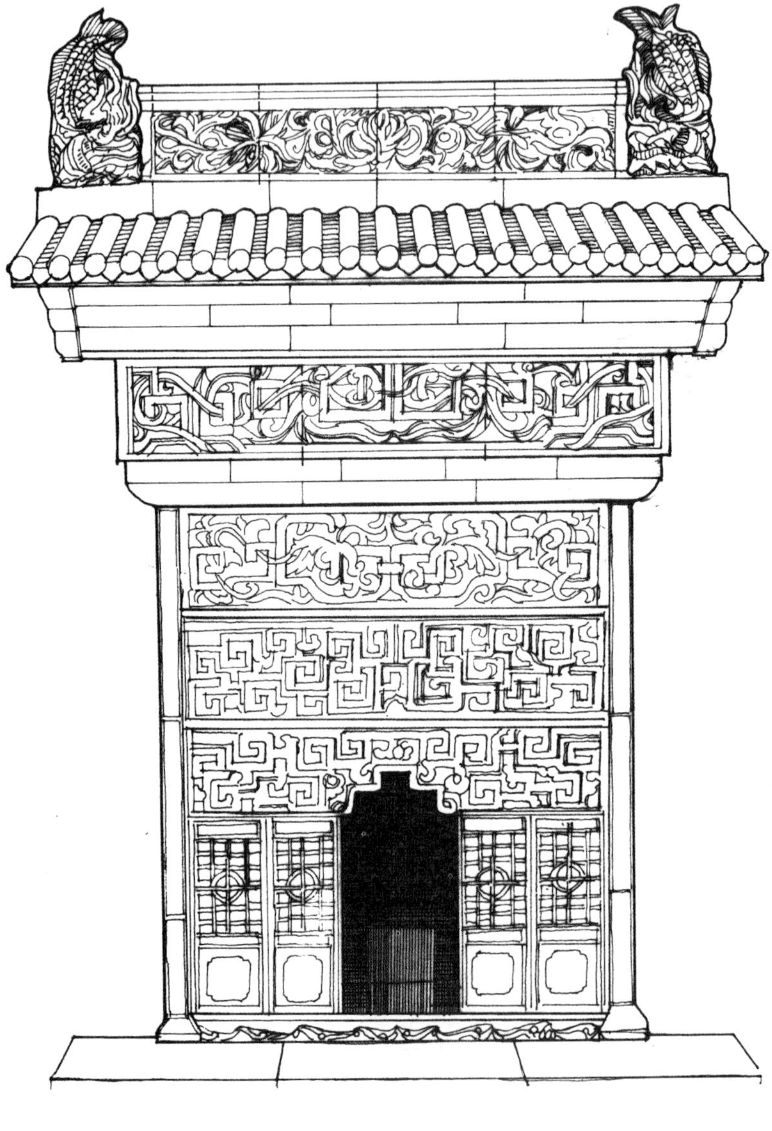

扬州市广陵区地官第汪氏小苑入口土地祠

句，表达了其仰慕苏氏与众人燕集的情愫。遗存的大部分为嘉庆十九年（1841）所重建，现存石刻有“苏轼生日祝寿图”、“苏轼画像”和孙觉、王巩、秦观、黄庭坚、米芾、阮元等士夫山人的诗词文翰，陈深、龚璛、陈有宗、宋濂等名士的题字。土台布置紧凑，建筑造型优美，与城东的奎楼、净土寺塔，城西的镇国寺塔等“二塔、一楼、一台”三足分立，成为城市的四处制高点，遥相呼应，构成富有变化的天际线。

北起湖泊东岸的淮安码头镇，南迄洪泽县二河闸、高良闸、蒋坝与三河闸（盱眙县张大庄）的洪泽湖大堤，是自汉代迄清代的古堤防遗存，名列全国重点文物保护单位目录。原大堤古称高家堰，又称捍淮埝。东汉建安五年（200）由陈登始建，史称汉堰。唐大历三年（768）又筑唐堰与其相连。明代陈瑄、潘季驯等河臣数次大筑高家堰，逐渐形成大堤规模。明万历八年（1508）至清乾隆十六年（1751）由北往南修建石工挡浪墙达60多千米，在仁、义、礼、智、信五河口建条石滚水坝泄洪。20世纪50年代后又多次进行整修，如改建石土护坡，使之成为以防洪为主，兼有行洪、灌溉等多种效益的水利工程，享有“水上长城”之美誉。

淮安府署是省境内唯一留存的州府署衙，位于淮安市淮安区淮安总督漕运部院北侧。南宋时此处为五通庙，元代为沂郯万户府。明洪武三年（1370），淮安知府姚斌改建府署，一直沿用至清末，迄今已越650余年。府署在明朝时管辖区域包括赣榆、海州（连云港）、邳州、睢宁、宿迁、沭阳、桃源（今泗阳）、清河、安乐（今涟水）、盐城、山阳（今淮安区）等九县两州，是昔时江苏辖区面积最大的府署。前后有五进，两侧有数十间厢房，占地共约20亩、1.3万余平方米，现府署还存留大堂和二堂，大堂七间，面阔26米，进深18.5米。坡屋顶，高10余米。房屋坚固高大，气势雄伟，为清咸丰十一年（1861）淮安知府陶治重修，梁坊上有重修时的题记。二堂规模略小，面阔五间，进深三间，高8米。近年来有关方面着手修复了部分房屋和设施，恢复了东、中、西三路建筑。中路有八字门、仪门、“圣喻戒石坊”。仪门内两侧按左文右武、左上右下的位序，排列府署机构六科，东面是吏科、户科、礼科，西面为兵科、邢科、工科，以对应朝廷六部。根据前衙后寝的传统政府机构的平面布置模式和室内格局，中路二堂后端主要是知府及其家属的生活起居之处。过二堂后至宅院，首为知府居住的上房院，正房为知府及夫人居住；东厢房为官亲长随等居处；西厢为幕僚师爷居住的场所。上房背面为青玉堂，二层，为知府小妾和子女的居处。府署的东路为迎宾和宴客的场所。依次为戏台、酇侯祠，是款客、娱乐之所；后为宝翰堂，为知府与宾客诗文唱酬的场所。北端则是藤花厅、集贤堂，系宴客之所；最后为后花园，供赏花吟月之处。西路为军捕厅署，设仪门、待质所、熬审房、法鉴堂、二堂、三堂、东西厢房、腰斩台、皮场庙、库房、水龙局等建筑。

兴化昭阳镇通泰街西端（今东城外大街10号）、始建于清雍正年间的上池斋药店是为数较少的商业建筑遗存，坐北朝南，前后两进，砖木结构，是苏北地区保存最完整的药铺建筑。前进为二层，面阔8.3米，进深13米。底层为店铺营业处，二层用作药材库。硬山顶屋面，两幢小七架梁间以卷棚勾连而成，东西两端外墙的顶部藻饰六朵圆弧状形体的封火墙，极具动感；后进为一层平房，为加工制作中成药的工场间。药铺占地面积216平方米，总建筑面积达280平方米。20世纪30年代初，店主对药铺临街立面和内部进行了改良和装修，立面上改大门为石库门式，上方新增镶嵌鹿含灵芝的浮雕，在鹿的眼内还装上了灯泡，夜间灯火明亮，十分巧妙地传递了经营的内容，扩大了广告的效应。药铺内的柜台、地坪分别贴敷青花瓷砖和进口花纹饰地砖，在柜台下置有通风口。位处高邮北门大街同人民路交会处的当铺系全国文保单位，占地2 500平方米，五排四进，现存柜房、客房、号房等80余间。居中的二层存箱楼结构独特，四周高耸的风火墙同其他房屋隔离；客房梁架上镂空雕椠精致，体现了清代乾嘉时期的建筑风格。

苏北宗教崇祀类建筑遗存堪称丰硕。普哈丁园位于扬州市解放桥南堍，运河东岸。据碑刻记载，普哈丁是伊斯兰教创始人穆罕默德的第十六世裔孙，南宋时来江苏传教，病逝后葬于此。墓为阿拉伯式和中国传统建筑形成相结合的建筑，砖构，平面方形，四角攒尖式筒瓦顶。四面砖墙，每面各设一拱门。内上部为圆顶，墓址在中央地下，地上有石筑墓顶，长方形叠石，四周镌刻《古兰经》，间以缠枝花纹样图案。外壁的门扉处嵌清雍正年间“西域普哈丁先贤之墓”石刻。还有南宋景炎年间、明代来扬传教的阿拉伯人墓。1927年在扬州南门外发掘的元代阿拉伯人墓碑八块，亦移放于此。700多年来，墓园一直较完好地保存在运河之畔，成为中国伊斯兰教文化遗产的见证。位于扬州南门街的仙鹤寺，同光塔寺（广州）、麒麟寺（泉州）、凤凰寺（杭州）并称沿海伊斯兰教四大名寺。该寺占地面积 1 740 平方米，建筑面积 690 平方米。北为面阔五间的礼拜殿，前廊设卷棚，殿内经字罩格呈阿拉伯风格，另有月门同别院相通，还有西南向的杉木厅、水房等。

城乡的庙宇寺观形成神明的信仰空间，使地表景观氤氲着一股富有特色的信仰和祭祀氛围。宿迁县皂河镇南的龙王庙又称龙王庙行宫，是里运河畔沿线规模宏大、保护较好的一处龙王庙，也是苏北地区首屈一指的官式建筑群。该庙自清康熙二十三年（1684）始建，雍、乾间数次修建，嘉庆十八年（1813）重修。行宫平面呈梯形，坐北朝南，占地共 2.2 万平方米，建筑面积 2 977 平方米。自南而北依序为禅门、钟楼、鼓楼、御碑亭、怡殿、东廊房、西廊房、戏楼、龙王殿、灵关殿、东滚龙脊、西滚龙脊、大禹殿、东宫、西宫等，前中后共三进，形成院中院，均按清代官式建造。主要建筑用青石须弥座，檐下设斗拱，彩绘彩柱天花。庙内另有乾隆题诗文碑，记载治理洪水的史实。

苏北地区蒐集了高邮驿站、邗沟、两淮盐运署、瘦西湖、邵伯御码头等众多全国重点文物保护单位，李白、白居易、欧阳修、王安石、苏东坡、秦观、沈括等历史名人活动踪迹，文化资源丰厚，线形文化遗产和通廊文化景观遗产特征明显。无数名人顺沿运河留下了宝贵的词翰诗章，如袁宏道于万历二十六年（1598）从扬州启程至京，职京兆校官。他访问了淮安的漂母祠，留下了“刘宗火冷韩灰灭，浣衣墩上蘋花热”诗句（《漂母祠》）。在韩侯祠前写道：“秋郊兔尽韩庐窘，三尺青蛇捲锋颖……英雄桎足归罗网，辩士舌端空来往。本将衣饭畜王孙，未计肝肠敌亭长。一局残棋了项秦，五湖西子白纶巾。贪他一颗真王印，卖却淮阴胯下人。”（《淮阴侯祠》）途经徐州，留下了《过彭城吊西楚霸王》：“一骓渡江东，猛气不可触。只手挈河山，英王尽奴伏。鸿门放亭长，肝肠何煜煜。猛虎快吞啖，终不噬伏肉。刘项敌道棋，一先成陨覆。亚夫真圣眼，西楚亦王局。”[1]

包括苏北在内，曩昔各地环境和卫生沉疴之弊，相沿成习。长期以来惯于对事物认知和驾驭的整体性思维优势中因缺乏细部的清晰性而使之趋于普遍的模糊性以及公共环境意识缺失、卫生意识的薄弱、公益心淡漠的普遍和法制观念的缺位，在忽视公共利益的同时也使自身蒙受了损失，缺乏维护的环境趋于荒芜或杂乱具有逻辑中的因果关系，也反映了中国古人在涉及私利和他利、己利和公利、暂时利益和长远利益，以及国家利益和地方利益等关系上，缺失明显，令人遗憾。所谓普天之下、莫非王土——天下是帝王的、朝廷的，每个人的空间是有限的，即便一个家庭、一个家族、一个宗族，空间范围也是有限的。因此，管理好自家的事务是重要和明智的，也就形成了“各人自扫门前雪，哪管他人瓦上霜”式的自我性。至

[1]
［明］袁宏道．袁宏道集笺校（卷十三）［M］．钱伯城，笺校．上海：上海古籍出版社，2008：570、571、574.

于各级政府官员，微者做好分内事，巨者上对帝王负责，下对黎民百姓，居中的“公共空间”则可以忽略不计。仅此而论，兴化市沙沟镇后大街处一建于清代的公共厕所就显得尤为可贵。该厕所面宽近 3 米，一层三开间，外墙周身为小青砖砌筑居中木质门扉，上半部镂空，横向三档竖向棂条榫接。下部的木板上浅斫花卉纹；两侧木窗洞略小，形制同门扉。上皮与门大致齐平。唯门洞处及窗牖下部用各式青砖贴敷以成装饰。另外，门窗上部均为半圆形拱券，三开间中的四柱顶端为平顶式，有收分。根据材料使用、造型样式和所斫纹饰，应属清中晚期建筑，而非兴化市文化局所认定的明代——这是迄今仅见且保护较好的苏北市镇中的公共厕所，表明至少在清代，公共卫生设施建设已经有了长足的发展，环境卫生意识得到强化。

四、文化遗产

历史上徐州文物灿烂，从五千年前古陶瓷滥觞，历经先秦青铜熔铸、漆器玉琢汉画像石雕琢、汉碑的层层演进，唐幢宋帖明画清卷，琳琅满目，蔚为大观。王延寿《鲁灵光殿赋》奢夸的词藻，给予后人对汉代建筑的无限想象。两汉时期也确曾有过往高层拓展的意愿和努力，不同时期挖掘和出土的汉代楼阁模型已成为海内外各大博物馆珍藏、展示和研究的对象之一。徐州博物馆和美国康奈尔大学约翰逊博物馆珍藏的东汉徐淮地区的模型，淋漓尽致地阐释了其“高层建筑”的形制和法式。如果说楼阁模型代表着“生”的愿望，那么，在厚葬风起云涌之际而生的祠堂、墓室等便是对“死”的一种希冀——生前做不了神仙，死后亦能遂心愿，也就出现了“厚资多藏、器用如生人”（《盐铁论·散不足》）的厚葬之风。目前所见的汉代画像石墓室及祠堂大多为东汉的遗存。其中位于墓前供人祭祀的建筑是祠堂，墓室则是为死者准备的在阴间生活的理想家园[1]。1965年发掘的徐州白集石墓和墓前祠堂，祠堂系单开间悬山顶建筑。西壁基石斫瑞兽，东壁基石刻羽人戏龙，供案石前侧刻瑞兽。其中，东、西壁图像均由七层组成[2]，石墓分前室、中室及东西耳室、双后室等单元。图像刻于前、中、后室内。再如铜山县茅村乡洞山村的西汉楚王墓，由主体墓室、附属墓室、墓道石龛、墓道和甬道五部分组成，建筑面积达500平方米。该墓为近数十年中发掘的规模最大、结构最复杂的洞室墓葬之一，主体建筑和附属建筑两轴线互相垂直，各自成组；立面上两者及贮库分设于三个递降式的平面中，系仿墓主生前所居高台建筑和一般建筑的构图和布局。至于室壁髹朱涂漆借以杀菌防腐，可窥精细擘画之一豹。

扬州手工业驰名中外，大致可分为三大类：第一类是特种手工业，如漆器、玉器、镂金器、

[1]
“理想家园”一词来自芝加哥大学巫鸿《汉代艺术中的“天堂”图像和“天堂”观念》（《历史文物》1996年第4期）一文。

[2]
西壁七层图像依次为：一层，西王母及侍者；二层，乐舞百戏；三层，瑞鸟嘉禾；四层，瑞兽；五层，庖厨；六层，人物相会；七层，3车出行。东壁七层图像依次为：一层，东王公及侍者；二层，祥禽；三层，瑞兽；四层，庭院建筑，局部至6层；六层，建筑侧人物相会；七层，车骑出行（杨爱国．东汉祠堂画像石图像与墓室画像石图像之间的关系研究［J］．中国美术研究，2007（1）：95.）。

扬州市广陵区徐凝门路何园玉绣楼小姐房

镶器、刺绣、檀类器物、香粉等；第二类是日常用品，如铜器、纺织、木器、竹器等；第三类是文化艺术用品，包括制笔、雕版印刷等。

滥觞于战国、唐宋时已获发展的扬州漆器，明清时迎来了黄金时代。其产品含括了小型的瓶、盒、盘、碟，大件的屏风、桌椅、橱柜。明代的制作工艺主要有彩绘漆、雕漆、平磨螺钿、骨石镶嵌、百宝镶嵌，清代又出现了剔红、剔黄、剔绿等多色刻漆。明后期扬州的漆器精工精致，驰誉天下。晚明漆艺师周翥是其中的佼佼者，作品被尊为“周制”。《履园丛话》中对“周制”百宝嵌漆器述之甚详：“周制之法，惟扬州有之，明末有周姓者始创此法，故名周制。其法以金银、宝石、真珠、珊瑚、碧玉、翡翠、水晶、玛瑙、玳瑁、砗渠、青金、绿松、螺甸、象牙、密蜡、沉香为之，雕成山水、人物、树木、楼台、花卉、翎毛，嵌于檀梨漆器之上。大而屏风、桌倚（椅）、窗槅、书架，小则笔床、茶具、砚匣、书箱，五色陆离，难以形容，真古来未有之奇玩也。乾隆中，有王国琛、卢映之辈，精于此技。今映之孙葵生亦能之。”[1]迨及清代，名家卢映之、卢

[1] ［清］钱泳．履园丛话［M］．张伟，点校．北京：中华书局，1979：322.

高邮市南门盂城驿鼓楼

葵生、王国琛、夏漆工等名品迭出，饮誉朝野。据载："（夏）漆工善古漆器，有剔红、填漆两种。以金银铁木为胎，朱漆三十六次，镂以细锦。合有蔗段、蒸饼、河西三撞两撞诸式，盘有方圆八角、绦环四角、牡丹花瓣诸式，匣有长方两三撞诸式，呼为雕漆器。以此至富，故河房中器皿半剔红，并饰之楯槛，为小秦淮第一朱栏。"[1] 卢映之、王国琛等还将雕漆和百宝嵌工艺融为一体，创造了雕漆嵌玉这一名贵品种，使之更具地方特色和富丽堂皇的艺术气息而声誉卓著。其中，螺钿工艺以点螺最为精巧，将彩色的鲍鱼贝壳切成细片，镶嵌成各种纤细的花纹。百宝嵌由珍珠、珊瑚、玉石、水晶、象牙、玛瑙等名贵材料，借助其色、质、巧构成山水、人物、花卉等装饰图形，再镶嵌在木器或漆器上。据钱述："嘉庆十九年，圆明园新构竹园一所，上夏日纳凉处。其年八月，有旨命两淮盐政承办紫檀装修大小二百余件，其花样曰榴开百子，曰万代长春，曰芝仙祝寿。二十二年十二月，圆明园接秀山房落成，又有旨命两淮盐政承办紫檀窗棂二百余扇，鸠工一千余人，其窗皆高九尺三寸，又多宝架三座，

[1]
［清］李斗．扬州画舫录［M］．汪北平，涂雨公，点校．北京：中华书局，1960：198.

高一丈二尺，地罩三座，高一丈二尺，俱用周制，其花样又有曰万寿长春，曰九秋同庆，曰增福贵子，曰寿献兰孙，诸名色皆上所亲颁。”[1]

如上所说，百宝嵌工艺不只用于漆器，还用到高档家具的制作和生产中。乾隆年间的扬州城，漆器作坊林立，出现了多条以专事生产漆器而命名的街巷，其产量、品类等均达到了历史最多水平。扬州漆器辉煌一直延续到清末，清后期，扬州漆器仅出口远销至欧美等国的年销量达到2万多件。

清中叶的扬州琢玉业，兴盛一时。现北京故宫博物院收藏的大型玉器多为扬州工匠所作。如著名的“大禹治水玉山”雕琢历时六年，经两任盐政期内告竣。若计选料、运输，时间则越十年。“天下香料，莫如扬州。戴春林为上，张元书次之，迁地虽不能为良，水土所宜，人力莫能强也。”[2]戴、张之后，后继者尚有薛天锡、谢馥春两家。上述工匠均以自产自销的店铺字号经营所产香粉。扬州竹制品，精细密实。虽然此地并不盛产竹子，但并不妨碍竹器业的发展，举凡竹罩、竹篮、竹篓等品类丰富，如“油篓肩舆”，咸以实用为旨。“用竹篾做成如围，再加黑油防雨，此舆之取乎轻便，而不取华丽者也。”除了上述外，还有鼻烟壶、工艺器玩、团扇、刺绣等。晚清金安清曾负责两淮盐务的内务府包衣，故论及扬城官宦赏玩、收藏的奢侈景象当可坐实：“……以余所见之两淮盐政、淮关监督，嘉、道以阿克当阿为极阔，任淮鹾至十余年，人称为阿财神。……阿之书籍字画三十万金，金玉珠玩二三十万金，花卉食器几案近十万，衣裘车马更多于二十万……即其鼻烟壶一种，不下二三百枚，无百金以内物，粉红骇绿，美不胜收。真琪楠朝珠用碧犀翡翠为配件者，一挂必三五千金，其腻软如泥，润不留手，香闻半里外。如带钩佩玉则更多矣。司书籍之仆八人，随时装潢补订又另有人。宋、元团扇多至三千余，一扇值四五两，乃于数万中挑检而留之者。”[3]阿克当阿利用职权之利，竟敛如此数目艺术及奢侈物，令人惊愕。另一方面也说明金玉珠玩、食器几案、翡翠朝珠、书籍等宝重之物，也确乎是扬州的“土宜”，尤其是书画和书籍雕版。

晚清扬州画派式微后，苏北画坛趋于沉寂。但书画市场仍称可观。以画家黄宾虹1889年侨居芜城收购第一笔书画为例。据黄口述事略，“廉价购得旧书画三百件，明代名迹犹多”。其以两淮盐运使署文书一职之薪俸竟购得旧书画300件元明真迹，其间是否存有赝品尚不能知。又据黄《论画长札》云：“回忆我二十余岁初至扬州时，有姻亲何芷舠、程尚斋两运转，宦隐侨居，家富收藏，出古今卷轴，尽得观览。因遍访时贤所作画，先游观市肆中，俱有李育、莲溪习气，闻七百余人以画为业外，文人学士近三千计，唯有陈若木画双钩花卉最著名，已有狂疾，不多画，索价亦最高。次则吴让之，为包慎伯所传。”作者尽观私藏市肆，

[1]
［清］钱泳．履园丛话［M］．张伟，点校．北京：中华书局，1979：323.

[2]
［清］钱泳．履园丛话［M］．张伟，点校．北京：中华书局，1979：103.

[3]
［清］欧阳兆熊，金安清．水窗春呓·阿财神［M］．谢兴尧，点校．北京：中华书局，1984：63.

唯崇尚绍陈洪绶（人物）、陈道复（花卉）、王原祁（山水）、石涛（墨笔）的扬州画家陈若木，说明时24岁的黄氏尚属新进，扬州作为黄绘画生涯的起点似不为过。而二、三流的陈若木已属该地市场中的佼佼者——清中期名家林立、佳作荟集的高潮阶段已然退匿。数十年后，徐州刘开渠、李可染、朱德群，扬州潘玉良，海门王个簃分别在雕塑、山水、抽象绘画、油画、花鸟等领域上成就斐然、驰名海内。其中，刘氏雕塑围绕主旋律，服务新政权；李氏山水在“文革”困厄中绝境逢生，从井冈山等红色题材切入，频现大开大合又略含西洋素描关系的图式；朱德群、潘玉良仍施艺于法兰西，抒情抽象或人物写实各逞风流；王个簃毕生追寻缶翁，以重、拙、大笔意为本，守成多于创新，为吴门画派最主要的传人。不过，上述先贤的求学生涯、成名及艺事活动，大多在上海、杭州、北京和巴黎，与故里已无太多关联。

自活字印刷术发明之后，因其可反复使用多次，较之雕版印刷而言，方便而经济。大约宋代之后，民间多取活字印刷术而弃雕版术。清代扬州雕版印刷业肇始源于奉旨刊刻《全唐诗》事项。康熙四十四年（1705）曹寅以江宁（今南京）织造兼巡视两淮盐务监察御史间奉旨，由翰林院庶吉士俞海、侍讲彭定求、编修沈三曾等九人同事校刊。乾隆三十三年至四十四年（1768—1779）间金棕亭任扬州府教授时，又主持刊刻了《儒林外史》。清代太平天国时期扬州承担了部分刊刻项目。晚清光绪年间，同江宁、苏州、杭州和武昌等书局共同刊刻二十四史，扬州经院刊刻始终是该城坚持雕版印刷的部门之一。近代以降，藏经院、砖桥法藏寺仍在继续雕版刊刻经卷。

第五章 / 城市览胜

一、淮左名都扬州

苏北名城荟萃，历史绵邈，扬州、徐州、淮安、泰州四市列入国家历史文化名城序列，占江苏省总数 50%。虽然苏北城市位处平原，然因其特殊的地理位置和交通要冲而不可或缺。如取“祥泰之州”之意的泰州，素有“水陆要之津、咽喉据郡”、“儒风之盛、夙冠淮南”之誉。其城“面江枕淮，川原沃衍，鱼盐繁殖，称为奥区。若夫风帆便利，跨越吴会，联络青、齐，则海舟之利也。绝南北之津梁，扼江、淮之襟要，孰谓一州斗大，不足以有为也欤？”[1] 还有古称海州的连云港，“阻海连山，为南北襟要，……盖水陆交通，可左可右，用兵之际，未始非形胜所关也”[2]。若论历史地位、影响和美誉度，当首推扬州。其发轫、勃兴与自然条件和地理环境休戚相关。观其演变，大致可以分为四个历史时期：

一是南北朝及以前。根据有关方面对邗城遗址的调查，基本确定其位于今扬州市西北五里的蜀冈南沿，庶几与《太平广记》卷一二三“城在州之西四里蜀冈上”的记载基本相符。周约十二里，版筑城堡。城池所在地势比较高亢，土地平整，较适合于古代人居，西汉吴王刘濞筑就的广陵城系在原吴邗城的基础上予以扩大。

二是隋唐时期。隋代一统全国后，炀帝役众开凿运河至江都（今扬州），三次巡游江都，大兴土木。自隋至唐初，江都城仍在蜀冈之上。此时蜀冈下的平原历东晋、南朝数代耕耘和开发，已是田畴相望。其虽为郊区，乃初具气象，成为一些居民和工商业者云集之处。由此，原蜀冈上的江都旧址迄至唐代便自然而为官衙集中的“子城”（衙城）。在子城下扩展的工商业区域则称为“罗城”（大城）。晚唐杜牧《扬州三首》诗中“街乘千步柳，霞映两重城”指的应就是子城和罗城。还有于邺《扬州梦记》中所说的“扬州胜地也，每重城向夕，倡楼之上，常有绛纱灯万数，辉罗耀列空中，九里三十步，

[1]
［清］顾祖禹. 读史方舆纪要（卷二十三）［M］. 贺次君，施和金，点校. 北京：中华书局，2005：1144.

[2]
［清］顾祖禹. 读史方舆纪要（卷二十二）［M］. 贺次君，施和金，点校. 北京：中华书局，2005：1091.

扬州市江都区大桥镇繁荣街刘氏故居

街中珠翠填咽，邈若仙境”，这里的“重城”，也同为子城和罗城。中晚唐时期的扬州，俨然已是“雄富冠天下”的一方大都会。

三是五代和宋元时期。此阶段战乱不断，先是唐末和五代十国兵燹，使其渐失国内外贸易重镇的地位。南宋时又先后惨遭女真族和元蒙的蹂躏，元代，扬州仍不失为重要城市。降至元末，江淮地区战火频仍，人口锐减，土地荒芜，社会经济遭受严重破坏，战乱中“（扬州）城中居民仅余十八家”[1]，至今该域尚有“十八家”的巷名。

四是明清至民国时期。时明城的位置较宋城已略南移，也就是今日扬州旧城的所在。宣德四年（1429），置广陵钞关于濒运河处，嘉靖二十一年（1542），关厢人口约略已占城厢人口的三分之一。嘉靖三十四年（1555）又于城东的商业区筑城，亦即后世的新城。东、南、北三面计长 1 540 丈，有城门七，东、南缘以运河作城河，北端掘濠与旧城的城濠、运河相通。新、旧城之间是一个整体的两个相连部分，清代及民国基本沿袭了明代的城池，至 1916 年拆除新旧城间的墙垣，两者合二为一。

[1]
明太祖实录（卷五）· 至正十七年十月甲申．

城市西北缘的蜀冈虽近江而无淹没之虞；面南而不湿漳，处冈阜而不干燥，环境优越。李斗述其形势和胜迹甚详："蜀冈中、东西峰之间，猿扳蛇折，百陟百降，如龙游千里，双角昂霄，中有瀑布三级，飞琼溅雪，汹涌澎湃。下临石壁，屹立千尺，乃筑听泉楼……平山堂马头在中峰下。蜀冈三峰，中峰与东峰断，与西峰连。中峰之东，山脊耸峙，上多松柏，即万松岭，岭上建万松亭。江外诸山，至此一览可尽。"[1]从其地质地貌看，蜀冈是一条黄土岗，延伸于六合、仪征和邗江境内，居扬城的北和西北面，恰如一道屏藩。其相对高程仅十米左右，东峰（观音山）、中峰（平山堂）和西峰（司徒庙）等的海拔也不过二三十米，往东侧愈低，可以蜀冈为界划成南北两部分：蜀冈及其以北部分是长江北岸的一级阶地，地表起伏成浅丘，岗地是其基本，冈顶宽平，冲沟平浅，谷地也较为开阔。以南的长江冲积平原部分在江岸不断南移中，长江的主河道也在镇、扬之间南北摆动。由于主河道偏南，故淤积主要在北岸，这就使得江中不断出现沙洲。总其上述，早期人类活动迄至隋唐前，主要在蜀冈和雷塘之间的浅丘地上。嗣后开始南移到平地上，宋元后又往沙洲方向拓展。

元代鲜于枢在咏扬州诗中，用"淮海雄三楚，淮扬冠九州"的诗句概括了其时在全国的地位。迨及清中期复又成为全国瞩目的都市而臻于鼎盛，正如嘉庆《扬州府志》所云："东南三大政，曰漕、曰盐、曰河。广陵本盐筴要区，北距河、淮，乃转输之咽吭，实兼三者之难。"城市在历史间的起伏与其历史、地理、漕、盐运的中心以及南北货运集散地的经济格局是分不开的，南临大江，北据蜀冈，大运河纵贯南北，与长江形成十字形的交汇，通扬运河又自此起步东通黄海；平畴弥望，河渠纵横，已然形成全国的粮仓之一。随着淮南盐业的勃兴，扬城以淮鹾总汇的不二地位，影响巨大。尤其是日渐完善的大运河对扬州城市环境的主导作用益加明显。毋庸置疑，运河也是扬城包括市河和濠河水系形成的主要条件。佥院张德林在宋大城西南改筑城池，遂使其城有“南北水门二，引市河通于濠”之称。市河、城濠均与运河相连，市河成为明代扬州城内水系的主干，清代亦然。

据文献记载，扬州市河开凿、疏浚于明清两代。明嘉靖间巡抚御史吴悌同、知府刘宗仁役众开浚，万历时知府吴秀和清代知府金镇重浚，后又浚保障河，以潴内河之水[2]。以市河为中介的东西两岸有六条街衢通向大小巷巷、四面八方，所谓“南水关抵北水关市河，东岸直街为南门、盐院、北门三大街。西岸直街为南、中、北三小街”即是昔时的实录，此外还有“钞关东沿内城脚至东关，为河下街。自钞关至徐宁门，为南河下。徐宁门至阙口门，为中河下。阙口门至东关，为北河下。计四里”[3]。水系既与运河相连，又连接长江。对

[1]
［清］李斗．扬州画舫录［M］．汪北平，涂雨公，点校．北京：中华书局，1960：370.

[2]
［清］李斗．扬州画舫录［M］．汪北平，涂雨公，点校．北京：中华书局，1960：18.

[3]
［清］李斗．扬州画舫录［M］．汪北平，涂雨公，点校．北京：中华书局，1960：188 — 190.

扬州城市环境的演变所产生的作用确实不能忽略。李斗指出扬州运河的水势流向“江都县西南十五里”的三汊河，“扬州运河之水至此分为二支，一从仪征入江，一从瓜洲入江”[1]。

清中前期扬州的兴盛与大批徽商在此业盐、贸迁和投资有着密切的关联。时广陵盐商资本迈越三千万两之巨，其间相当部分用在了人居环境的建设和维护中。咸丰年间（1851—1860）兵燹战乱使扬州城外景象面目大变，素有“两淮精气”、“繁华极顶之区”之誉的多子、新盛、左卫、辕门桥等处“楚炬一空”；太平天国后新城“市廛牢落”，……金安清有云：“嘉庆一朝二十五年，已渐颓废。余于己卯（1819）、庚辰（1820）间侍母南归，犹及见大、小虹园，华丽曲折，疑游蓬岛，计全局尚存十之五、六。比戊戌（1838）赘姻于邗，已逾二十年，荒田茂草已多，……迨粤寇之变，遂成干戈驰突之场，而名胜尽矣。”[2] 民国二十一年（1932）因两淮盐业重心北移，两淮盐运使署北迁等，使其地位下滑不止。徐谦芳在《扬州风土纪略》卷下中也有所记载：“自两淮运使迁朐后，市面益形凋敝。昔为金融枢纽之钱庄，倒闭殆尽。”时江都人李豫在《新乐府·迁运署》中也曾颇有感慨地写道：

> 江淮盐官转运使，一路福星千万里。商人富厚甲天下，需盐俱煮东海水。忆昔康乾称盛世，云龙南幸非一次。逐户琵琶饭甑多，过江如鲫知名士。扬州明月异常明，二千余年花锦城。谁谓此邦非乐土，谁忧豪族不公卿。入室笙歌出车马，往来都是行盐者。

即今节署迁长淮，骤雨疾风飘屋瓦。[3]

如若深入乡村集市，则明清扬州等繁荣的底里潜藏的偏倚早已存在。费孝通在 1984 年的田野调查中发现，扬州及苏北诸城与江南城市的区别主要在于前者的中心地最多不过是一些定期的集市，只有一些微不足道的永久居民。而非后者郊区遍布着人口众多的市镇，他说道："我们认为只有在农村相当高的商品生产基础上才能形成名副其实的镇。而高水平的商品生产单是靠农业是不容易达到的。还必须发展乡镇工业，苏南有镇无集可能和很早就有生产商品的农村手工业有关，……农村传统工业不发达的苏北，单纯依靠农业商品生产的地方，集市已经足以适应商品流通的需要，甚至集市还处于一定的优势，所以集镇就不容易发展。"[4] 也就是说，尽管扬州在清代属于大型城市，但因其周边没有众多市镇的烘托或联系，很难称得上是具有完整的城市发展体系。虽然，如约翰逊所说的，晚期所有的主要城市都深深地嵌入于它们的腹地中，但是不同的腹地无论如何也是不能忽略的。

[1]
[清]李斗. 扬州画舫录[M]. 汪北平，涂雨公，点校. 北京：中华书局，1960：161.

[2]
[清]欧阳兆熊，金安清. 水窗春呓（卷下）· 广陵名胜，谢兴尧，点校[M]. 北京：中华书局，1984：46.

[3]
李豫曾. 北桥诗钞.

[4]
费孝通. 小城镇四记 · 小城镇苏北初探[M]. 北京：新华出版社，1985：96.

二、淮运之城淮安

淮安市包括原淮安、淮阴和清江浦三个城市。历史上习称为两淮，大约有三种含义：一是泛指淮南、淮北地区；二是指淮阴、淮安二县，如1948年曾一度将淮阴、淮城市合设两淮市；三是指清江市和淮安县城。淮安的兴替沉浮几乎完全取决于淮、泗、黄、运四河，自邗河开掘以来，隋、唐、五代和北宋阶段一直保持相对的上行态势，故白居易誉之为“淮水东南第一州”；经济中心的南移及漕运的需要，使其在魏晋南北朝的纷争和衰微中崛起——隋唐是为其历史发展的高峰，仅次于扬州，俨然成为运河沿线的商业都会。百余年后的南宋又位处南北争夺的焦点，屡遭兵燹，导致船道失修与湮废。作为元末战乱重灾区的淮安，土地荒芜，人民背井离乡。明清时复因漕运总督、河道总督和漕粮中转仓均设于此，凭借漕、盐运的独特优势和垄断性。鼎盛时期，此地官毂南北水陆要津，享有“七省（江苏、浙江、安徽、江西、山东、河南、河北）咽喉”和“九省通衢”之誉，延续着帝国的经济命脉。

顾祖禹曾引述古人对淮安在历史战争和地理空间的关键点，曰：“宋人南迁，以江、淮立国，于是山阳之势益重。吴表臣曰：‘山阳南北必争之地也，我得之可以进取山东，敌若得之淮南不能以朝夕固矣。’陈敏曰：‘楚州南北噤喉也，长淮二千余里，河道通北方者凡五：曰颍，曰蔡，曰涡，曰汴，曰泗。而通南方以入江者，惟楚州运河一处。周世宗自北神堰凿老鹳河，通战舰入大江，唐之淮南不可复保，此前车也。

是故韩世忠尝保山阳拒方张之寇，刘锜议塞清口以阻逆亮之师，及蒙古侵陵，叛臣刘整亦劝其从事于清口、桃源为进取之计，岂非地利不可惑忽乎？'元董抟霄曰：'淮安南北噤喉，江、浙冲要，其地一失，两淮皆未易保。"[1]事实上，淮安也正是依凭淮、黄、运等于此再度繁盛。洪武四年（1371）明廷对淮安等府的屯田，"凡官给牛、种者十税五，自备者十税三。诏且勿征，三年后亩收租一斗"[2]。以奖励屯田垦荒。在嗣后的百余年中，又陆续迁江南诸府民众至淮境，弥补了因兵燹而少人口的"短板"。民间的"洪武赶散"的传说，指的就是明初淮安府以及所属各州县的众多家族均系苏州一带"奉旨"而来。迨清乾隆间，今楚州区常住人口更是"不下数十万"，清河区已猛增至数十万人。

历史上淮安沿革隶属多变，明时设淮安府，治山阳县淮城，城由新、旧城组成。旧城建于东晋时期，新城为张士诚守淮时所筑。嘉靖三十九年（1560）为抗倭乱遂在新旧城间建一新城，称为"联城"、"夹城"。明清两代政府均在淮安派驻漕运总督，督理漕政。"凡湖广、

[1]
［清］顾祖禹．读史方舆纪要（卷二十二）［M］．贺次君，施和金，点校．北京：中华书局，2005：1072－1073.

[2]
［清］张廷玉．明史（卷七七）·食货志一·田制［M］．北京：中华书局，1974：1883.

江西、浙江、江南之粮艘，衔尾而至山阳，经漕督盘查，以次出运河。虽山东、河南粮艘不经此地，亦皆遥禀戒约，故漕政通乎七省，而山阳实咽喉要地也。”[1] 早先的唐、宋二代也均于此设立江淮转运使，元设总管府，明、清专设漕运总督，李三才、史可法、施世纶、铁保、阮元等均先后任职于此。自明代疏凿清江浦、修建四道闸、建立转搬仓和创办彼时全国最大的清江督造船厂之后，一改原清河、清浦地广人稀的面貌：各地漕船需在此接受漕运部门的查验；江西、湖广、浙江等地的民运粮船到此卸粮以入转搬仓；众多随船的货物需在此装卸，千万艘粮船的船工、水手、官兵、商人等均云集于此，交易、盘桓、逗留……淮安借此快速地成为“侨民宿贾，巨室鳞次”，“居人数万家，夹河二十里”的通商大埠。迨至明后期，淮安城漕运咽喉地位逐渐被清江浦所取代。清江浦距淮安城仅30余里，与漕运总督官阶相同的河道总督驻节于斯，其繁华足与淮安城相埒[2]。其石码头为自北而南弃马扬帆之处。反之，自南而北者则于此离舟登马——是为典型的“南船北马”或“南楫北辕”的交换处。

淮安、扬州、苏州、杭州号称大运河四大都市。借淮、运之利，淮安“市不以夜息，人不以业名，富庶相沿”[3]。不仅本城居民中商户众多，而且外埠商人纷至沓来，纷纷来此经营盐业、布匹、绸缎业，开办南北货铺，设立会馆、钱庄。因城内空间规模和容量有限，遂拓展至城外，以至于“城外商贾辐辏，较胜城中，……民居栉比，……无隙地”[4]。故在人口结构上，城内外竟以商人居多。其次，由于总漕设此，众多理漕官吏、卫漕士兵驻扎集聚，又因有仓廒，也有大批与之相关的管理和服务人员生活在其间，包括管仓、装仓、卸船等人员，还有基于钞关设置而来的税务人员，以及各种手工业从业者。淮安的西运河畔，店铺等绵延数里，“民惮远涉，百物给于远商。……若布帛盐卤差诸利薮，则皆晋徽侨寓，大力者负之而趋矣”[5]。外埠商人不仅在此经营盐业，布帛、绸缎业也大多数为外来客商所经营，这也就是所谓的“淮郡有耕无织”，淮城“民居栉比，无机杼声”，城内居民的“服饰所需，仰给于远方者十居八九”。

三、军事重镇徐州

徐州，古称彭城，位处苏北西北部，与皖、豫、鲁相邻，襟山带水，山丘之间分布小块低地平原，周围山峦绵延环绕，黄河故道自西北向东南贯穿市区中部。早在帝尧时期，颛顼后裔彭铿（彭祖）受封于此，称大彭氏国——这也是江苏境内最早的方国雏形。春秋时彭城为宋邑，战国中期宋弃淮阴而迁都彭。据志书载，春秋的“彭城邑”就是有

[1]
［清］(光绪)淮安府志（卷八）·漕运.

[2]
顾祖禹指出：“今岁漕数百万，咸取道于淮安，哽咽或生，则京师有立槁之虑，故特设重臣，置屯军以经略之。然则南北安危所系，岂不以淮安哉？”（［清］顾祖禹.读史方舆纪要（卷二十二）［M］.贺次君，施和金，点校［M］.北京：中华书局，2005：1073.）

[3]
续纂山阳县志.

[4]
［清］范一煦.淮壖小记.

[5]
［明］(天启)淮安府志（卷二）·舆地志.

文字记载的徐州最早的城，也是江苏省内最古老的城市，距今已有2 500多年。秦汉之际，楚怀王、西楚霸王先后建都于斯。刘邦立汉后封其弟刘交于此，号楚国，先后历13代楚王和5个彭城王，遗有数量众多、规模庞大的王侯后妃墓葬群。汉末曹操复迁徐州刺史部来彭城，改彭为徐。魏、晋、南北朝各代都于此设藩封王，隋、唐时先后设置徐州总管府、感化军、武宁军节度使。因地处四省之交，元大运河贯通后又是通往北京和直隶省（今河北省）的必经之地，故有“五省通衢”之誉。在频繁的自然灾害和兵燹板荡的历史长河中，屡经盛衰变迁，其变化幅度之巨，在苏北诸城中颇为显著。

徐州市区遗存、保护较为完整的历史风貌街区主要集中在户部山四周。南门外的户部山因天启四年（1624）黄河泛滥、明廷户部分司署移至山上，故名。山峦地势高爽，山上有台名戏马，传楚霸王项羽曾在此秋风戏马。较高的地势因之成为明清数百年来人们避居洪涝的首选场所，而又因该地距广运仓较近，故很快形成繁华的商业区和人口密集的居住区。因众人麇集，是故寸土如金。历经明初的繁荣、明末至清中叶的持续、清末的衰落和民国再度兴盛等数个阶段，形成了户部山周围街巷狭窄、房屋规格大小不一的空间格局和形态风貌，呈现了融商业贸易、居住互为一体的建筑群落。整体的平面布局大体为外方内圆三个层次。外围为呈方形的商业街：西为上街，地势较高（今彭城南路）；东为下街，地势略低（今解放南路），内设小布市，主要为布匹交易；北为前街（今马市街），主牲畜买卖；南为后街（篦子街）。中圈以略显圆状的环山路为界，东、南、西、北坡分布着大大小小的院落民居；内圈以山顶端的戏马台等堂庙建筑为中心，明清时先后建有文昌阁、东坡祠、魁星阁等。宣统二年（1910）又建有“景贤”高、初两级小学堂，是一处闻名遐迩的士林文台。户部山外圈有商肆的繁盛、中圈宁静的住宅群和内圈的清静之所在，形成了十分奇特的“分层”景观。兹因户部山四坡的上下建筑密集，建设强度较高，故街巷狭窄，环山路宽不足 2 米，其他的上下山道宽度仅 1 米左右，大概这也是其虽处市中心但建筑群仍得到较好保存至今的原因之一。

户部山是在明清商业贸易发展和大运河漕运双重利好因素的促进中形成和发展起来的城区，是城市商业经济的发展带动民居建筑群形成的典型，商贸与居住互为一体构成了其底色。基于商号户主多是从外埠在此落地业商居处，故建筑、藻饰等大多朴质而内敛。如山南的余氏以经营茶叶起家，至清中叶家道隆盛，从他人处购得三进四合院，被称为“尚半山”；徐州酱菜业的翘楚“李同茂酱菜园”的户主李同茂，宅院位于山的东坡，与郑宅、翟宅毗邻，房屋装饰等均较朴实。从建筑群的构成和模式等考察看，宅院受制于传统阴阳互动和风水堪舆的浸淫较为明显。“阴阳之枢纽，人伦之轨模”的思想反映了人类生活模式和传统伦理、等级制度的契合，以祈求与自然的和谐或适应。如刘宅、李家大楼、徐万顺纸坊、张记茶庄等店宅，大多位于街巷的路南、院门面北，虽然大门朝北，然院内各房屋的组合和构成仍与“坐北朝南”式无异，仅仅是甫入院门首先映入眼帘的是房屋的后檐墙。又如院门朝西的王家、周宅等分布于彭城南路的上街处，因西向在八卦中为凶相，故上述宅院平面布置上虽然由西向东延展、院门朝西，但每进院落的空间构成仍然为南北向模式的四合院。部分院落的部位等也按照《八卦七政大游年》对吉凶的定位进行布置或调整，如余家客厅后的内宅西南隅，因与西院相通（有门相连），在坎宅的坤位处开门被视为不吉，户主遂于院内置一“房胆”以破凶趋吉。

徐州自古即为兵家必争之地。其地三面阻水，四面环山，易守难攻，尤其在疆域分裂、南北对峙之际，其得失关乎南北之盛衰、问鼎中原的关键和标志。据统计，四千多年来，发生在此及其周围较大的战争达200多起：春秋晚期，晋、楚等在此进行了一年之久的战争，嗣后又是楚、汉争霸之地，东汉末年，群雄在此展开了长达五年的混战。南北朝时期，北魏拓跋焘大开杀戒。唐末，十镇军和沙陀兵屠压庞勋义兵。以及元相脱脱屠城炮轰，明代朱棣“靖难之伏”，大破守军，清代曾国藩、李鸿章先后在此镇压捻军，近代的直奉之战、蒋冯阎之战，以及抗日战争中的徐州会战，解放战争中的淮海战役（徐蚌会战）等，均以争夺徐州这一战略要地为标志。直至20世纪50年代，毛泽东秉持冷战思维和蹈循战争路径，认为一旦敌人进犯大陆，其登陆点大率在连云港，旨义在于夺取徐州……

徐州的历史变迁与黄、运河的变化休戚相关。宋熙宁十年（1077）黄河决堤，从泗水入淮威胁城市的安危，知徐州的苏轼率众于戏马台等一带筑堤，遂转危为安。有明一代，该地屡遭水灾竟达百次之多。如天启四年（1624）黄河洪泛浸淫城市三年不退，城溃堤毁……元代以前，国都大多沿东西轴线自西向东移位——咸阳、长安、洛阳、开封等。所以，通往江淮地区的运河漕渠干线，于城以西均为东西行。如此格局，显然无法适应建都北京的需求和战略定位。迨京杭大运河开凿贯通后，因徐扼运河南北要冲，于至正八年（1348）升为路。明洪武年间，基于其军事地位，遂重建城池：周长九里有奇，高三丈三尺，城址广三丈三尺，巅宽一丈一尺，城壕深广皆二丈左右，开四门，即东门河洼，西门通汴，北门宁武，南门迎恩，直隶京师。清咸丰五年（1855）的黄河北徙，使其附近运河道全部涸绝，使其失去了借水路运输为优势的条件。

因与黄河交汇，故其经济、社会等和治黄、治运工程相表里，黄、运之水的演变和盛衰影响至深。崇祯八年（1635）按洪武城的规模和布局重新修葺，街衢、公署、官舍、民居等均按原初上下重合、重建，20世纪下半叶发掘的地下城，乃是洪武城的遗址。迨清康熙七年（1668）地震破坏，城市再度损毁，后历雍正二年（1724）的重建、嘉庆二年（1797）的扩建，城市规模复渐成气象。城池东北二侧隔夹河紧邻黄河大堤，隔河北九里山五里，东距子房山三里；南城垣东起快哉亭，西止燕子楼，南距云龙山二里；西城垣介于燕子楼和黄河南堤之间，西离楚王山达25里，共设四座城门，后于光绪五年（1879）又重加修葺。民国时期及以前城内的商业、服务业等几乎全部集中在城南关的南大街、中和街等处。这里近接云龙山和户部山，地势高亢，历次洪水泛滥都未曾淹及。所以从明代以来这里就是殷实之户麇集之所。而西关一带因地势低洼常受洪涝之害，故长期以来就有“穷西关、富南关，有钱人住户部山”的民谣[1]。夏秋季可勉强通航的奎河，对南关商业区也起到了一定的促进作用。城区中的东关，因旅馆、饭店和转运公司等机构较为集中，市内察院街（今大同街）、中山街（今彭城路）等分布若干钱庄，是仅次于户部山南关的两处商业区。元代建都大都、开凿运河对徐州的意义在于：改变了以前各代凡通往江淮的运河干线在徐州以西都是东西向的格局，而呈南北向纵轴的新方向。明代重新疏浚后的运河成为南北运输的单一孔道，作为运河中重要都市的徐州地位凸显。咸丰五年（1855）黄河北徙后，彭城附近河道全都涸绝——这是其历史上的一个重要转折点——几乎丧失了水路运输的优长，逐步颓衰。

四、近代第一城南通

相对于历史悠久的徐、扬、淮、宿、连等地而言，南通是年轻的——大约距今 1 500 年前的南北朝时期在今南通市一带逐渐形成了沙洲，唐宋时沙洲与今如皋等地连成一片。自宋至清，此地素为淮南的主要盐产地，沿范公堤一带遍布盐场。明代南通渐显繁荣，人口比宋代增加了一倍，城中缙绅麇集，乡间植棉业和手工纺织业也有了长足的进步。及至清代，棉花和纺织品的商业化程度愈来愈高，并超越了盐业，成为南通主要的行业和产品。

历史上苏北无有地域商帮集团，但横空出世的张謇却是近代最具影响力的经济学家，其经济思想具有极强的实践性。南通的近代纺织业始于清光绪二十一年（1895），张謇在唐家闸筹办了我国最早自办的纱厂之一的大生纱厂，后又创办了十多个新企业，至宣统三年（1911）已形成了以大生厂为核心的大生集团。自此，该城的经济进入了一个新的历史阶段。他首倡“实业救国”思想，主张协调发展农工商业，大力提倡“棉铁主义”。在文化、教育等领域，南通启领全国风气之先，创造了诸多的第一或较早的机构。同时，南通城是由中国人按照近代理念全面规划和建设的城市，被吴良镛院士称为“中国近代第一城”。他指出：

> 南通是中国早期现代化的产物，它不同于租界、商埠或列强占领下发展起来的城市，是中国人基于中国理念，比较自觉的、有一定创造性的、通过较为全面的规划、建设、经营的第一个有代表性的城市。[2]

古代南通城大约建于后周显德五年（958），城池延绵使用至清末民初，其间屡修屡葺，但格局未曾大变。其形态和布局系

[1]
近世徐州的历史演变和发展系于黄河与运河。如明万历十八年（1590）夏秋间的黄河大水竟使城中积水逾年！明熹宗天启四年（1624）六月甲申夜，黄河在奎山处决口，洪水灌城，顷刻间水深一丈三尺，居民溺死无数。八月复遭倾盆暴雨，河水再次泛滥，水浸徐州城达三年而不退，居民只能避居地势高亢的城南户部山——直至今日，户部山四周仍是徐州城古建筑、古民居保护得最好的区域，原因在此。

[2]
吴良镛．张謇与南通“中国近代第一城”［M］．北京：中国建筑工业出版社，2006：46 — 47.

以中轴线为对称的方形城郭，因建于沙洲上的水网地带，故城河利用自然水系，或取直裁弯，内框齐平；内延则宽窄弗定，宏微各一。绕城之水称为濠河——以水泊城市而闻名。城市设东、西、南、北四城门及四座跨河而建的吊桥。和古代中国其他古典城市布局近似的是，州衙处中央偏北，城中为丁字形街衢，州衙前的十字形大街为主干：往南为南大街，径连江山门；向西为西大街，直通来恩门；循东向则为东大街，连接宁波门。因北郊荒僻且多盗，故先后立壮健营镇之、玄武庙（后称北极阁，也是现南通保留的唯一城墙遗址）。在东西大街上分别矗立城隍庙（居中位）、关帝庙（西位）和文庙（东位）。城市东设水关两座，西水关一，市河上桥梁众多，交通已成网格化。

元明时期通州城的东西大街和南大街交会处的州衙俨然而为政治权力中心，中轴线前端的谯楼面朝南大街，空中走廊径对五山之巅的狼山支云塔；城中街巷依规模分大街、街、巷三级，南大街两侧以井字形分布，众民居棋列其间。东、西、南三城门外均设瓮城，其中，南门上另筑城楼。城市形体已渐变呈南北偏纵长状。嘉靖年间为强化防御，复于城南构筑新城以固本，城区也因之扩展，濠河也始有内外之分，形成南北两环、一小一大之异，呈葫芦状。

近代南通城从传统单一的、由城墙围合的州城，发展成功能分区明确的近代工商业城市，重心从旧城中心往城南新城区偏移——这些在汇集张謇城市规划思想的《变法平议》中得到了集中的表述。其主要特点是着眼于以中国传统思想为体系，吸收西方近代思想、科学技术和具有地方特色的方法，将其融为一体，灵活地运用在城市建设实践中，并强调“农工商协调发展”经济思想为指导。在1895—1903年中，将工业企业、交通设施、教育设施和近代农业等分布于唐闸、天生港、市区和垦牧乡，形成“一城三镇”布局的雏形。

近代濒于颓废的城南是南通进行改造的重点，主要举措是开辟新道路、扩建新城区、集中建设文化和教育机构和事业以及沿濠河两岸和桃坞路形成的金融商贸区域，1933年，市区形成了以专业分类的商业街区：西街为钱钞业集中之地，东门为布业集中之地，银行业集中于南门。市区面积从明清的1.47平方千米，到1936年的4.94平方千米，建筑区面积扩大了236%[1]。新道路不仅宽阔，而且布置了众多机构。城区规划呈现出以下若干特点：一是城区建设主要靠近旧城的“新城”部分的废墟上展开。二是城区部分以中心逐步向“新城”部分转移。城区建设以教育、文化为主，其次为商业、慈善、市政、景观等。

南通新旧城区的改扩建，不仅使其成为区域的政治中心，而且还是金融、商业、文化和

[1] 于海漪．南通近代城市规划建设［M］．北京：中国建筑工业出版社，2005：118.

教育中心。城区内外的建设和扩展，反映了传统城市向现代城市转型的轨迹，成为城市现代化建设和发展的先行者和标志。不过，近代南通的城市建设又不同于其他近代城市，它不仅仅是单独一个城市的建设和发展，而是着眼于整个通海地区的区域规划和谋篇布局，也就是“一城三镇”的城市大格局，其区域规划的特点，一在于区域产业分布从生产角度呈系统性地经略，自空间上进行统筹；二在于区域交通、经济的规划带动区域基础设施的统一规划和建设，在空间上确定了近现代南通的基本形态。就此而言，它是基于中国理念，自觉而有创造性地、较为全面地规划建设和经之营之的近现代城市。

五、苏中古城兴化

兴化战国时为楚国上柱国昭阳封邑，时称楚水、昭阳，旧隶海陵（今泰州市）。五代杨吴武义二年（920）置县，历为县治所在。城周六里，地势平坦卑湿，河湖港汊密布，是里下河地区著名的水乡古城，西北缘的大纵湖、蜈蚣湖、郭城湖、得胜湖等纵横交错，水系发达，水力丰硕；东部安丰、大营、新垛、戴窑和合陈等镇以产盐为主。西、中部泽国中不乏著名的农业遗产或风景观赏的胜境：如沙沟镇缸顾乡东旺村千岛油菜花景区，西郊镇乌巾荡景区，李中镇水上森林公园以及大纵湖风景区等。境内乡镇多以沟、堡、圩、林、湖、垛、田等字命名，映现出地理和自然条件的特征。据统计，兴化垛田面积广达 47 万亩之巨，也馈赠了大自然中的荠菜、马齿苋、蒌蒿等物产和鱼、虾、蟹、贝、鳗、鳖、螺、鹅、鸭、菇、蚬、豚、鸠、鹌鹑、菱、藕、水瓜、香芋、荸荠、茨菰、山药、芦苇等60多种动植物产。

兴化市昭阳镇四周河荡环绕，好比湖中之岛礁：北极有乌中荡、上官河、白涂河、下官河，西缘有大溪河、西荡河，东部为车路河、德胜河，南向是运（官）河。《读史方舆纪要》载运河是“分流为车头河，东经德胜湖至城东三十里，又东合串场河”[1]。周边当有横泾河、大溪河、兴东河、泗州河和山子河，总长35.6千米，陆地面积7.404 6万亩，水域面积2.359万亩，分别占总面积的76.2%和23.8%。镇域嘉树丰草，湖荡纵横，生态环境和自然资源优越。古城平面形似上尖下端两侧浑圆的葫芦，分别为海池河、西荡河、上官河及车路河分隔，城区以西大街，牌楼东、西路和东城外大街为纬，北大街为经，以四牌楼为中心，近百条街巷顺沿经纬纵横分布。

据清咸丰间重修的兴化县志（卷一）记载，城池初自宋宝庆元年（1225）由知县陈垓役众构筑土城，周六里一百五十七步。明洪武五年（1372）守御千户郭德、蔡德、刘

[1] [清]顾祖禹.读史方舆纪要（卷二十三）[M].贺次君，施和金，点校.北京：中华书局，2005：1142.

人杰等以砖更建，高一丈八尺，内外环水为濠，其后，民众环内郭以广宫室。明嘉靖十一年（1532）知县李世熙力主复建，十七年（1538）知县役众北城元武故址筑台，名曰拱极台，玉带河汇三关之水于海子池，三十六年（1557）城圮，西北崇不逾丈，壕湮塞，其夏有倭警，知县胡顺华多方悍御。平倭后又于末年八月始筑，翌年告竣。时城垒土崇甓加旧址一丈共高二丈八尺有奇，厚四丈；女墙高二尺五寸，1 860睥睨，如之高三尺。崇四楼四门，东启元门，楼曰观海；西威武门，楼曰见山；南文明门，楼曰怀曛；北肇魁门，楼曰仰宸。水关四窝，铺廿区。即拱极之地仍建台。浚壕堑，广二丈五尺，深一丈，……至万历二十六年（1598），知县翁汝进又因倭警，培城土加厚，设石栏于水关，以防水灾。民蒙其利，已而居民益稠，濠尽废，及本朝顺治十二年（1655），知县任登级缮修城楼雉堞，焕然改观。夹市河以居者，多作楼于河上，舟行其下，如穿穴焉，重以两岸积溷日增月益，河水遂为之不流。康熙二十三年（1684）县衙立申详开浚，绵历三月事乃竣，向时之水入三门而出西关者，滢洄透迤，渐复其旧，而河流中断之患遂除。后数任知县于乾隆、道光年间请帑修筑水关、拱极台和东门等。经过“砌墙重筑，上建楼及咸丰以复旧观，而关门较前高敞，气象一新”。近代日军谍报员窥探兴化时对其地势环境的侦察十分详细，写道：

河道极为迂曲，水虽不甚深，也不怎么浅，河宽从十二三米至三十七八米，五马力以下的蒸汽船足以来往。地势平坦，土地肥沃。一直至兴化县，各处河渠纵横，更见水利之便。[1]

目前，有关部门已修复府前街明城墙一部，依原样复原了长安北路处的北城门（肇魁门）和仰宸楼，修复了始建于宋代的县署、四牌楼、状元坊、东岳庙、拱吉台海光楼等建筑。城区中保存较好的街巷还有东城内、外大街、四牌楼街、武安街、儒学街、家舒巷、儒学街、小关帝庙巷和元老府巷等数十条，保持了原有的尺度和两侧建筑与街道的高宽比例，大多为步行道。街巷中既有如四牌楼街等商业街衢，也有居民集中的居住社区；保存了兴化明至民国时期的民居和其他历史建筑。如由船厅、方厅、桂花楼等建筑组成的武安路 13 号盐商李小波私园，因其地基平面狭长，故又有“馀园半亩”之称。园内绿荫盎然，植有广玉兰、藤藤、黄杨等名木。园中精美绝伦的船厅建筑平面似“L”形，卷棚歇山顶，檐角飞翘，外挑深远，颇显飘逸、灵动之势；远望不啻停泊的“船身”。其横阔四檐柱约 4 米，纵深七檐柱。檐柱内四周形成了走廊外侧栏杆低隔、“船

[1]
〔日〕曾根俊虎．北中国纪行［M］．北京：中华书局，2007：208.

兴化市沙沟镇后大街清代厕所

头”居中上端飞罩自中央向两侧渐次呈几何状跌落，拐子龙纹木构收头，飞罩主体由数百个方形框格及内饰的云纹图案组成，罩槅的设置既限定了“船头”的入口空间，又借助直曲相间的纹样传递了“船行”中天空朵朵云絮的飘浮，与匾额“自在流行”互点睛目。厅内拱形顶部状似舱顶，与周边连接的坡道形如跳板，船厅因之而得名。岸边的画舫即船厅的前方、左侧以波浪形平面砌筑花坛，间隔砖砌纹饰，以“圆”和“曲”形这一母题进一步烘托舟船的立意和主题，令人瞩目。李园诸建筑的门额、厅堂内还刻镌清代刘镛、阮元、杨法、杨岘等人的题字和吴熙载的书画，增润着浓郁的艺术和人文气息。1939—1941年抗战时期，江苏省政府主席韩德勤迁省府至兴化。在兴期间常于李园船厅召开各类会议和接见各方代表。作为临时政府临时办公处，船厅见证了苏中军民同仇敌忾、抗倭歼敌的历史风云。

兴化历史上人文荟萃，名人辈出。城区中央牌楼路与牌楼中路交叉处矗立着一座始建于明中期、数十年前复建的四牌楼，木石构，由四座牌坊组合而成，上架斗拱重檐，八出翼角，四脊攒处，复以五角朝天锡顶。坊内外共悬挂计47块匾额，旌表本邑自宋迄民国初年历史名人76人、82人次。自南宋咸淳至清末光绪800余年间计有262人中举，93人高中进士，名列苏北前茅。先后诞生了内阁大学士高穀（1391—1460）、隆庆初首辅李春芳（1511—1585）、大学士吴甡（1589—1670）三相，还有名列明“后七子”之一的文学家宗臣、《水浒传》作者施耐庵、《封神演义》作者陆西星、清代经学家任大椿、文艺评论家刘熙载、扬州学派殿军李详，以及画家郑燮和李鳝。其中，牌楼南路 13 号高榖故居（初建于明景泰二年，1451 年）、儒学街陈五房进士第（明代陈常道、陈爱诹、陈履忠，清代陈以恂、陈广德）为明基清构，元老府巷 1 号元老府（李春芳府邸）、儒学巷吴甡故居、西城外石桥侯家垛宗臣故居、小关帝庙巷 10 号刘熙载故居、任大椿故居（明建清修）和板桥东路郑燮故居等，基本保持原貌。另外，清末名医赵履鳌的赵海仙洋楼以其璧合中西、华洋杂糅的建筑形态和样式，建筑造型富有动感的百年遗构——上池斋药店、武安街的兴化商会旧址等，呈现出古城深厚的文化积淀和里下河区域建筑独特的风采和特质。若论特色，当数城北海池河畔的玄武灵台。此处亭台楼阁穿插，依城傍水，景色旖旎幽雅。史载南宋宝庆元年（1225）知县陈垓为抵御北方游牧军队的南侵，利用低洼地势改造成大小垛道和利用开挖河道的堆土，环绕县衙四周构筑土城和四向城门、四座水关，在北隅土城的南侧修筑高台；依据五行方位对应"四象"中的玄武，将之命名为"玄武台"。台上建有寓意"攻占防守"、与淮河一衣带水的"襟怀楼"。1538 年知县辟水玉带河引入入海池，为固城防复修此台，易名"拱极台"。重修后台高 6 米，长 16 米，宽 15 米，占地约 1 300 平方米。正门有石刻"拱极"两字，东西两侧各设圈门以供出入，东面为昭阳书院，两侧为绿波亭，亭北有飞檐翘角的海光楼。南明弘光元年（1644）驻守扬州的史可法亲赴兴化督查城防，登临拱极台勘察形势，并将"襟海楼"易名为"海光楼"。清代因讳玄烨，一度改名元武台。"灵武景区"自南宋形成至明清时期，修、扩建达 10 余次，先后增建了遗爱祠、景贤祠（后改屈子祠）、昭阳书院和碑堂等建筑或设施，也是士人墨官、官宦缙绅燕集文会之处，在此创作了大量的诗文词翰，产生了如清同治六年（1867）由知县俞麟年组织的雅集，及其《拱极台唱和集》、《兴化拱极台志》诗文集，成为与扬州平山堂、高邮文游台相媲美的人文历史遗产。

第六章 / 村镇掠影

一、运河要津窑湾

清中叶是苏北市镇发展的鼎盛时期，数量、人口和镇区规模均有不同程度的扩大和增长：扬州府属各县镇的数量从明嘉靖时的34个增至清康熙年间的52个，淮安府属诸县镇从明万历时的36个，增至清乾隆年间的101个，徐州府属各县镇（集）数由明嘉靖时的110个增至清乾隆年间的185个。明万历时海州28镇，迨清嘉庆时已达114个镇，通州也从明嘉靖时8个增到清乾隆年间的13个[1]。上溯清初时苏北的市镇大部分仍属供需型的性质，作为本地农副产品的集散地为周围农村地区供应日常生活和生产的必需品。嗣后渐向专业性市镇转型——除了具备一般市镇商业贸易功能之外，部分还形成了各具特色的市镇产业。随着江淮粮食贸易规模的不断扩大，仙女庙、邵伯、黄桥、姜堰等以粮食贸易为主的市镇发展迅速。扬州府江都县仙女庙镇（今江都镇）位处通扬运河东缘，北连大运河，南接长江，是里下河地区的门户和淮水的通江要津。清中叶米市兴盛，“米市汇总，商业极盛”，岸边米行林立，河畔粮艘云集，停泊的船艘常绵延数里。平素米市贸易量可达五六千石，最高时则有1.2万石之巨[2]，并与上海南市、无锡北塘、吴江同里并称清代江苏的“四大米市”[3]。浙、闽木材商经营的木材驶入长江后，大多从三江营转抵此处销售，返航时又采购米粮返运至浙闽销售。米、木市场的兴旺，促进了仙女庙的蓬勃发展。费孝通于1984年春季调研苏北乡镇时，发现徐州和淮阴两市范围中集市多、集镇少。据称徐州所属六县大小集市共有286个：赶集人数超过二万的有12个，超过一万的有43个，集市多处集镇少，集市少处集镇则多；市、镇多寡约以苏北灌溉总渠为界——渠北多市少镇，渠南少市多镇[4]，集市贸易在计划经济和“文化大革命”中遭受控制和打压。总体上比较看，历史上该地区村镇的数量、规模及繁荣程度虽难忘江南之项背，但沿运河也涌现了一批有一定规模的

[1]
吴海涛，金光．清代苏北集市镇发展述论［J］．中国社会经济史研究，2002（3）：60－61.

[2]
姜际云，管希宁．仙女庙米市兴衰史略//江都文史资料（第四辑），1987.

[3]
江苏省地方志编纂委员会．江苏省志·粮食志［M］．南京：江苏人民出版社，1999：36.

[4]
费孝通．小城镇四记·苏北初探［M］．北京：新华出版社，1985：84－85.

市镇。新沂市窑湾镇，就是其中的代表。

因运而盛的窑湾镇位于新沂市西南缘45千米，与邳州、睢宁、宿迁三县市毗邻，历史上曾以镇区西端的界牌楼为界：以东属宿迁县，西缘为邳州县所辖。镇区三面环水，西南为大运河，东侧为七大淡水湖之一的骆马湖，北段为老沂河。据《新沂县志》载，东周时窑湾为钟吾国辖地，618年因其位于海州和邳州的交界处，故名隅头镇，隶宿豫（宿迁）县。历史上曾有烧砖泥盆、泥碗、泥缸等窑群，其地理方位素有“东望于海，西顾彭城，南瞰淮泗，北瞻泰岱”之称。康熙七年（1668）改名窑湾，现镇域面积116平方千米，总人口6.4万人，镇区面积4.1平方千米。自元代凿通大运河之后，河道拦腰斩断东西向的老沂河，在此形成数道弯曲的弧形，基于运河在此弯曲的航线和河道，以及河中的沙洲、岛屿等，致使河面的水流趋于缓慢而波澜不惊，呈现出水平如镜、碧波粼粼的优美景象。故船艘航行于此也大都减降船速，以裨于避风、停泊和休整。

在明万历三十一年（1603）以前，中运河的水道东南流经滩上，运河镇至今骆马湖的西北岸，汇合沂河南下至直河口（今骆马湖西岸皂河集西）入黄河。明万历三十二年（1604）总河侍郎李化龙由复镇南引水合彭河，经韩庄、合伽、沂诸河东南至邳州直河口，长260余里，此举既避黄河之险300余里，又使运道径直，水源充足，漕运条件得以改善，从新开运道通过的漕船运力大大提升。不过，新旧运道仍在交替使用，通常是重载船艘走泇河新道，空载船只航行于安流后的黄河。明天启五年（1625）又在泇河以下由邳州直河口东岸开凿了一条避开邳、宿之间的“通济新河”。自此，宿迁以北的运道大体为“黄、运分立”的格局。清康熙十八年（1680）黄河北决，骆马湖渐枯，遂于湖西皂河口另浚新河。康熙二十五年（1687）开凿中河，自张庄运口起至清河仲家庄，避开黄河运道90千米，形成了独立于黄河的运河河道，苏北运河基本得以定型。窑湾，凭借良好的地理条件和大运河的港口节点优势，也迎来了历史上形成、发展和繁荣的黄金时期。

从目前窑湾遗存的建筑历史遗产看，自连接运河码头的南哨门到中心炮楼以北的中宁街，中心炮楼迄界碑楼的西大街等约略形成于明中期，是商埠街市所在。西缘的山西会馆建于明嘉靖九年（1530），其次是明熹宗三年（1623）在西大街开张的赵信隆酱园店。据此可以大致推断窑湾商埠的形成不迟于明正德至嘉靖年间（1506—1565），发展的高潮期约在清康熙至道光（1661—1850）的200余年中。

市镇的空间结构呈非规则的S形，主要道路布局沿运河水道展开，镇区东南止于运河，北迄与运河平行的后河，西、北、东三向分别为护城河环绕，共有北门（北门桥处）、南哨门（南哨门广场）、界碑楼（西大街西端）和中心炮楼（中大街）四座门楼。镇中南北向的中宁街和西北—东南向的西大街是最主要的两条街道，西大街街衢蜿蜒，逶迤曲折处多建有过街楼，两侧店铺飞檐出厦、廊柱林立，人行其间可避日晒雨淋。两街道汇集了众多明清时期的古建筑，如中宁街的江西会馆、苏镇扬会馆、藏纡清故居，西大街的吴家大院、赵信隆酱园店、大清邮局、苏商会和水龙会，此外，镇中还有山西会馆、绿豆烧酒厂、元升典当行、天主教堂、观音庵、来薰堂等遗存。镇区历史建筑风格多样，异彩纷呈；山西建筑平面布局严谨，宅面狭长，房屋阔达5米许，院落纵长，造型厚重，体量敦实，气息淳朴，门窗窄小，进深多层，延续了三晋大地窑院高楼的基本模式和格局。始建于清康熙年间的苏镇扬会馆因系苏州、镇江和扬州商人共同出资兴建，故建筑整体呈现出江南和江淮风格的元素综合风韵。至于元升典当行建筑，其入口、檐口大面积的木构隔扇门、门楣、檐柱等，则展示出一派江南建筑的情韵风貌。还有部分建筑映现了南北杂糅的折中意味，如位于西大街、建于清康熙年间的吴家大院，原为“吴洪兴烟丝店”，户主经营烟丝发家，时房屋有500多间，有“吴半街”之称。综观吴氏大院，其建筑的平面布置、空间格局、材料工艺以及样式风格以徐、邳地区为主，屋舍俨然、体形壮硕。

作为重要的商埠和物质集散点的窑湾镇中行人客商络绎不绝，商铺踵接。民国初期常住人口达3万人，流动人口1.5万人。昔时曾经会馆林立，山西、江西、山东、河南、河北、安徽、福建、苏镇扬会馆八省商会馆以及浙江、东北等多个省区驻地办事或分销处，现镇区尚存会馆弄。其兴盛的市集远近闻名，享有苏北“小上海”的美誉，西大街民俗馆序厅尾间处，专门设置了“夜猫子集”的展厅，据称该镇的商品市场即起源于“夜猫子集”。所谓的“夜猫子”，也就是猫头鹰，邑人以其昼伏夜出的特性比拟本地集市夜聚晨散的特点。事实上，集市的形成恰与船艘在此夜泊晨航、购物补给的习惯和停泊时间符合若契。“在窑湾停泊的时候，船家为了补充生活必需品和购办货物，通常半夜匆匆上集，购齐货物即返而不误第二天的行程，因此窑湾的集市店铺于半夜即开门掌灯营业。当地的农民为向船民出售农副产品，同样也星夜起集，黎明即归，这样一来不误当日农活，也乐于随例。当夜猫子集成为常例，集市店铺的规模日益扩大，遍布于各大街巷，窑湾的商品市场也渐具规模。”[1]

甜油、绿豆烧和药材被誉为窑湾三宝。豆烧酒香醇甜美，久享盛誉，名列江苏八大名酒之一。酒以大麦、高粱为原料，以优质特曲为酒基，配以红参、当归、砂仁、杜仲等 40 多味名贵中药材，辅以冰糖、白糖等原料，配出的酒呈金波绿色，乍看宛若绿豆汤，具有白酒之醇烈、果酒之香甜、药酒之滋补等特点，有祛湿、舒筋、活血，开胃、健脾之功效，对风湿性神经痛、气血不足、妇科病、高血压、冠心病等有特效治疗作用，畅销京、沪、宁、杭等地，远销我国港、澳等地区及东南亚各国。历史悠久的赵信隆酱园店为典型的“前店后坊”经营模式和建筑格局，尤其是“后坊”的大天井酿造区内，数百座陶缸存贮着陈年的酱、甜油产品，蔚为大观。其产品自清乾隆时期一直作为御膳房的上等作料，酿造作坊沿袭了传统的工艺流程，声名远播运河沿线。

西大街大清邮局旧址见证了窑湾邮路的演

[1]
田乃鲁．苏北运河古镇——窑湾［J］．城市规划，2008（3）．

新沂市窑湾镇城门

变历程。早在清光绪二十五年（1899）之前，窑湾的通邮线路就有数条，1874年正式兴办邮政业，至1903年，共开辟窑湾至皂河（23千米）、至土山镇（30千米），逐日步班。窑湾至皂河是水路，须雇船只邮运；至土山则由脚夫肩挑投递。光绪三十九年（1913），宿迁至台儿庄逐日航班的邮路也开始途径窑湾。另外，尚有窑湾至摊上30千米、至官湖27千米等邮路，均为步班，昼夜兼程邮运。先后历大清邮政、民国邮政、新沂邮政局、窑湾邮政所等，至今邮政所仍在原址处正常运营。

近代因运河停止漕运，河运功能萎缩，又因陇海铁路的开通运行和抗日战争、国共内战的破坏和影响，窑湾逐渐失去了地理优势，从繁盛的运河市镇演变成一处淡出人们的视野的普通集镇，昔日街市上人群如织、运河上百舸争流的景象已一去不复返。近年来有关部门已着手进行古镇的修缮、保护、更新和开发的工作，修复了界牌楼、北门楼、南哨楼、炮楼、吴家大院、赵信隆酱园店、绿豆烧酒厂、元升典当行等多处。

二、运河码头邵伯

因运而盛的还有邵伯、河下等市镇。国家历史文化名镇邵伯位于扬州市江都区北12千米、里运河的东岸，古为步印，晋名新城，别称甘棠，著名的邵伯湖位于西北部，纵长达17千米，最大宽度6千米。该湖又名棠湖，镇、湖同名。甘棠、邵伯之名源自《诗经》、《史记》。《甘棠》为《诗经》中的一首：“蔽芾甘棠，勿翦勿伐，召伯所茇；蔽芾甘棠，勿翦勿败，召伯所憩；蔽芾甘棠，勿翦勿拜，召伯所说。”据《史记》载：“召公之治西方，甚得兆民和。召公巡行乡邑，有棠树，决狱事其下，自侯伯至庶人各得其所，无失职者。召公卒，而民人思召公之政，怀棠树不敢伐，哥咏之，作《甘棠》之诗。”如此看来，甘棠、邵伯之名蕴意深矣。西周时召公认真为百姓服务，赢得了众人对他的敬仰和爱戴，留下了甘棠遗爱的典故，绵延悠悠三千年。至于爱棠一词，则出自《左传·襄公十四年》：“武子之德在民，如周人之思召公焉，爱其甘棠，况其子乎？”镇名由来，系挪借召伯之事褒扬晋之谢安[1]。

大运河与盐邵河交汇处的邵伯扼江淮之咽喉，水陆交通条件优越。自隋代开凿大运河、元代纵向南北大运河以来，运道经唐宋元明清等历代数十次的整治，航运条件有所改善。据顾祖禹所记：“嘉靖中县令张公宁议曰：‘邵伯湖上受诸湖之水，下流入江，湖口阔二十丈，以故水废则横溢为害。且邵伯堤一带与湖相连，水发则直冲堤岸，宜北自露筋庙南抵马家渡，于旧堤南别筑一堤，又自马家渡而南至八塔铺另筑一堤，成一夹河，则河堤可保无事云。’”[2]万历二十七年（1599）明廷役众在邵伯湖东从镇区至露筋庙开凿漕渠十里余，名曰邵伯月河。经过上述一系列的开渠筑堤工程，除了局部河段外，基本结束了风波覆舟的局面。

有清一代，里运河几乎全以月河行舟。康熙十四年（1675）淮河水灾导致邵伯运河段决堤，河督张鹏翮新开月河自仓巷口向西折，南至南大王庙连接运河，又筑南北二坝。运道也由此东移。康熙四十年

（1701），清廷在淮河下游至瓜洲入江处共设置了 12 只铁铸动物“九牛二虎一只鸡”，以祁镇水。现邵伯湖边的斗野亭内的铁牛就是彼时所设。该牛长 1.98 米、高 1.10 米，腹空，横卧于厚 10 米余的铁座上，造型生动，见证了其历史变迁。清咸丰二年（1852），《甘棠小志》作者董醇见铁牛完整，唯独无铭，为此补撰云：“淮水北来何泱泱，长堤如红固金汤。冶铁作犀镇甘棠，以坤坎来柔克刚。容民畜众保无疆，亿万千年颂平康。”邵伯镇成为“诸路粮食汇聚之所”，“凡豫省米豆，自西而东者，俱在大关报税后，即由洪泽湖而至下江高邮州之邵伯镇投行发贩”[3]。“该镇行户自置船只，贩运河南光州、固始等处米粮，回扬粜卖”[4]。对此，雍正《扬州府志》卷四、卷六中也有相似记载：江都之瓜洲称纲运之襟喉，甘泉之邵伯埭为舟车所荟萃，又皆足雄峙江淮，当南北一望县云。……邵伯镇在城北四十里，居人众盛，为水陆孔道，市廛之内百货备具，与瓜洲镇并为四方所称，置巡检司、驿丞各一。

因湖而成、因运而盛的邵伯，曾置巡司、邵伯驿于此，为“南北舟车孔道，烟火万象，

[1]
晋时，谢安镇广陵，见步丘西高东低，时常造成水害，危害百姓，乃率官民筑堤捍水，阻止堤西湖水淹没堤东田苗农稼，以得航运农业两利。百姓感其泽被，遂建谢大太傅祠，将之喻为周之邵伯，故堤名“邵伯埭”，镇、湖，皆源于斯。

[2]
［清］顾祖禹 . 读史方舆纪要（卷二十三）［M］. 贺次君，施和金，点校 . 北京：中华书局，2005：1122.

[3]
［清］李质颖 . 为遵旨复奏凤阳关商贩运米情形奏折［J］. 历史档案，1990（4）：35.

[4]
台北故宫博物院 . 宫中档乾隆朝奏折（13）. 1982：152.

行旅如织”的运河重镇。谢安、隋炀帝、苏轼、秦观、孙觉、文天祥、萨都剌、李东阳、弘历、于慎行、王士祯、董恂等帝王、名士和官宦等在此留下履痕和辞章诗篇，还有蒋介石手书“邵伯船闸”的题字……历史文化遗产可谓丰赡。文天祥《过邵伯镇》诗曰：

今朝车马地，昔日战争场；我有扬州鹤，谁存邵伯棠。
一湾流水小，数亩故城荒；回首江南路，青山断夕阳。

明代于慎行、清代查慎行（作家金庸的祖先）先后赋诗，前者渲染了夕阳下的湖泊景象，后者描绘了湖畔的镇市景象：

日暮倚菊桡，秋江正寂寥；驿门斜对雨，郡郭远通湖。
急橹看商舶，寒灯见市桥；隋堤前路近，欲听月中箫。[1]

水栅千家市，烟村十里桥。芦滩声雪雪，灯舫影摇摇。
风止鸥机息，寒深酒力消。独眠无好梦，愁度最长宵。[2]

邵伯的平面布置和空间格局上也凸显了濒河市镇的特征：纵长形的中大街和南大街构成了镇区的主干，与两条垂直向大街平行的沿运河街道，和船闸、河道、码头、河堤、巷口、绿树植栽等，构成了运河镇邑的世貌风情，镇中民居建筑与扬州、高邮等地近似。斗转星移，世移事迁或兵燹之灾，一些富有地域特色的建筑已不复存在，如汪曾祺谈到他第二位继母在邵伯的庄园，“有几座大门，庄园外有壕沟吊桥”[3]之类，等等。

三、盐漕名镇河下

位于黄、淮、运河交汇处的淮安府，既有漕运总督、河道总督，又有两淮盐运使司淮北分司、淮安榷关于此监督，建署驻节，管理漕、河、盐和榷税事务，清江浦河沿岸逐渐形成了淮城、河下、板闸、钵池、清江浦、王家营、韩城、新庄、码头等市集。在众多市集镇邑间，河下镇无疑是其中的佼佼者，所谓“城西北关厢之盛，独为一邑冠”[4]，此处的城西北关厢，就是河下。昔时为明清时期两淮运河沿岸著名市镇，为“山阳县境内淮郡城外第一大聚落”。大约自明中期始，自淮北盐运分公司从涟水县迁至河下镇大绳巷，专司护盐的淮北的批验盐引所也移驻河下乌沙河后，淮北“产盐地在海州，掣盐场在山阳”的局面于焉而成——成为淮北盐斤必经之地，盐商们在淮北各盐场购到税盐后，从灌河口和临洪口通往淮安河北的运盐河，将盐运至河下镇集散——

[1]
[明]于慎行．邵伯湖夕泊．

[2]
[清]查慎行．查慎行选集·夜宿邵伯埭[M]．聂世美，选注．上海：上海古籍出版社，1998.

[3]
汪曾祺．汪曾祺说·我的世界[M]．北京：中国青年出版社，2007：245.

[4]
[清](同治)重修山阳县志(卷一)·疆域．

成为淮北盐运的必经之地，也即所谓的“盐、漕、河、关四利咸沾其益”，因其地“东襟新城，西控板闸，南带运河，北倚河北”，故“舟车杂还，夙称要冲”。

位于淮安市区西北千米之距的河下镇，内外“沟渠外环，波流中贯，东西广五六里，南北袤约二里”，计有22条街，91条巷、11坊[1]。明清时期，众多徽商、晋商等各地商帮纷纷移居河下。据《淮雨丛谈·考证类》记载，自明代以降，来自晋、豫、徽等地业盐者卜居这里，有杜、阎、何、李、程、周等著姓，其中，徽州程姓，“争用盐策富”。清末李元赓指出：“程氏，徽之旺族也，由歙迁。凡数支，名功、亘、大、仁、武、鹤是也。国初时业禺策者十三家，俱程姓。”[2]有名曰“慎吾公”一支先由歙迁扬，有子五人，四人均在维扬，独有幼子量越“一支来淮为淮北商，居河下”[3]。众盐商麇集于斯，“淮北商人环居萃处，天下盐利淮为大”。镇邑南自运河口，北抵相家湾，“万商之渊，尤为繁盛……富有无堤，甲于诸镇”[4]。镇邑面貌遂大为改观，“高堂曲榭，第宅连云，墙壁垒石为基，煮米屑磁为汁，以为子孙百世业也。城北水木清华，故多寺观，诸商筑石路数百丈，遍凿莲花。出则仆人如烟，骏马飞舆，互相矜尚”[5]。为方便业盐之需，镇中盐栈均设有坨地，代客堆放税盐。淮盐一路经过洪泽湖，销往皖北和河南诸地，另一路通过大运河至扬州十二圩，复转由长江换船销往湖南、湖北、江西和皖南等地。

繁荣的河下吸引了各地的商人，先后建有新安会馆、福建会馆、润州会馆、定阳会馆、四明会馆、江宁会馆、江西会馆、湖北公所等。罗家桥街一带东自花巷头、西迄古菜桥，“商贾辐辏，里巷相望，横贯各巷，居人最为稠密”[6]。徽商程氏“以满浦一铺街（湖嘴街）为商贾辐辏之地，地崎岖，不便往来，捐白金八万两购石板铺砌，由是继成善举者指不胜屈。郡城之外，悉成坦途”[7]。其他亦纷纷在此修路建铺、筑园置庐，一时促成了镇区快速的发展，涌现了西湖嘴市、姜桥市、相家湾市、罗家桥市、古菜桥市、米市、柴市、兰市等市场，人称“小扬州”。镇中商业繁荣，市廛相连，各色店铺鳞次栉比，人群摩肩接踵，络绎不绝。彼时的河下镇“富有无堤，甲于诸镇，明邱琼山诗所谓‘扬州千载繁华景，移在西湖嘴上头’是也”[8]。

清道光中叶陶澍任职两江总督后，厘革淮盐积弊，裁撤根窝，致使原初据为世业的窝本易为废纸——盛极一时的盐商纷纷破产，纲盐改票带来的影响堪称“翻天覆地”。晚清河工幕僚金安清说道：“一时富商大贾顿时变为贫人，而倚盐务为认食者亦皆失业无归。”[9]《淮北盐政歌》有云：“昔年盐归淮北掣，掣盐人

[1]
王光伯.淮安河下志//中国地方志集成·乡镇志专辑16［M］.南京：江苏古籍出版社，1992：284.

[2]
梓里待征录·奇闻记·淮北商人同姓十三家.

[3]
［民国］王光伯.淮安河下志//中国地方志集成·乡镇志专辑16［M］.南京：江苏古籍出版社，1992：284.

[4]
［清］吴锡麟.还京日记//小方壶斋地丛钞（第五帙）.

[5]
［清］黄均宰.金壶浪墨（卷一）·纲盐改票//中国野史集成（第49册）［M］.成都：巴蜀书社，2000：503.

[6]
［清］王光伯.淮安河下志（卷二）·巷陌.

[7]
［民国］王光伯.淮安河下志//中国地方志集成·乡镇志专辑16［M］.南京：江苏古籍出版社，1992：311.

[8]
［明］邱浚《过山阳县》诗曰：“十里朱旗两岸泊，夜深歌舞几曾休。扬州千载繁华锦，移在西湖嘴上头。”（［清］吴锡麟.还京日记//小方壶斋舆地丛钞（第5帙）［M］.杭州：杭州古籍书店，1985.）

[9]
［清］欧阳兆熊，金安清.水窗春呓·（卷下）·改盐法［M］.谢兴尧，点校.北京：中华书局，1984：32.

家声势赫。男不耕耘女不织，笑指盐引有正额。自从改票拙谋生，生计既窘生命轻。为农无田商少钱，咄磋朝夕难支撑。悔不从前事耕作，斥卤新垦地方薄。稍余菽粟即为乐，繁华退尽归淡泊。”[1] 所谓祸不单行，恰值盐政遭创之际，漕运也告危急——由于河政日渐窳坏，河防工程质量隐患不断——河堤渐高，淤垫日重，漕运畅通危机四伏。道光五年（1825）的黄河泛滥致使漕运梗阻，遂于次年改为海运；咸丰五年（1855）的铜瓦厢黄河决口，咸丰十年（1860）裁撤江南河道总督、文武兵员和河防经费改为发放官票以及战乱兵燹等接踵而至，市镇开始凋敝。改票后十年不到，已是“高台倾，曲池平，子孙流落，有不忍言者，旧日繁华，剩有寒菜一畦，垂杨几树而已”[2]。“自更纲为票，利源中竭，潭潭巨宅，飙忽易主，识者伤焉。捻寇剽敓敓，惨遭劫灰，大厦华堂，荡为瓦砾，间有、二存者，亦摧毁于荒榛蔓草中”[3]。据载：“自程氏败而诸商无一存者，城北井里萧条矣。”[4] 咸丰十年（1860）春，捻军又袭扰镇邑，“残破已甚，除竹巷、茶巷外，各处街道均被焚毁，市面房屋十去八九，居民宅舍十去三四”[5]。“里之华堂广厦，不转瞬间化为瓦砾之场；巷陌重经，蹊径几不可辨”[6]。河下镇自此一蹶不振。

今河下镇面积约 1 平方千米，镇内街巷石板铺砌，逶迤近 3 千米。街坊内一色青瓦屋面青砖砌墙，百年店铺尚存，明清风貌依稀可辨。位于打铜巷尾的吴承恩故居共三进，最南一进为客厅，中间为轩厅和簃阳室，最后一进为卧房。簃阳室为《西游记》成书之所，内外两间，陈设简朴，布置书几、书柜和坐榻。轩厅中陈列数十种版本的《西游记》，以及吴氏所作扇面小品。院内花木扶疏，修竹婆娑，静谧典雅。罗家桥南另存建于清初的清真寺，前设 3 间门厅，后有大殿 4 间，殿后水房 3 间以供教徒沐浴之用。

[1]

［清］丁晏，王锡祺 . 山阳诗征（卷二十五）. 同卷中《河下口占》云："河下盛处是湖嘴，往时极目多帆樯。北来运首久淤塞，南去江天空阻长。乱后车尘灰已冷，旱余稗屑价都昂。故人相遇一慰问，话到兴衰欲断肠。" 卷二十八《西头书屋四咏》曰："河下背临新城，当时之盛，城中阛阓鳞横，衡宇骈接，夕阳梵寺，杨柳红桥，隙地连畦，春风引蝶，每一登眺，金碧满目，虽古都会，何以加兹！河下代有谢才，继多枚笔，燠怜温室，凉爱平泉，于以开辋川之别墅，挹兰亭之清流，逸客骚人，酒筒茶灶，花晨月夕，画舫笙歌，是实开一代之风，匪仅蹈六朝之绮。洎乎嵯变，光景遂非，才数十年，流风顿尽，盛极而衰，固其所也。"

[2]

［清］黄均宰 . 金壶浪墨 · 纲盐改票 // 中国野史集成（第 49 册）［M］. 成都：巴蜀书社，2000：503.

[3]

［清］王锡祺 . 山阳河下园亭记 · 跋 .

[4]

［清］黄均宰 . 金壶浪墨 · 纲盐改票 // 中国野史集成（第 49 册）［M］. 成都：巴蜀书社，2000：503.

[5]

王光伯 . 淮安河下志（卷二）// 中国地方志集成 . 乡镇志辑 16［M］. 南京：江苏古籍出版社，1992：588 — 589.

[6]

［清］李元庚 . 山阳河下园亭记 · 序 .